慕尼黑
新天鵝堡
羅曼蒂克大道
海德堡
斯圖加特

38

City Target

MOOK

慕尼黑

新天鵝堡
羅曼蒂克大道
海德堡
斯圖加特

38

◎ **City Target**

con+en+s

本書所提供的各項可能變動性資訊，如交通、時間、價格、地址、電話或網址，係以2024年6月前所收集的為準；但此類訊息經常異動，正確內容請以當地即時標示的資訊為主。

如果你在旅行中發現資訊已更動，或是有任何內文或地圖需要修正的地方，歡迎隨時指正和批評。你可以透過下列方式告訴我們：

寫信：台北市115南港區昆陽街16號7樓
傳真：02-25007796
E-mail：mook_service@hmg.com.tw
FB粉絲團：「MOOK墨刻出版」www.facebook.com/travelmook

在德國人心目中好棒棒◎虎式坦克也出自保時捷之手◎聖母教堂參考了清真寺？！◎百接穿著著...BMW的帝國比你想像的還要大！◎慕尼黑奧運的汙點◎又是一個不愛江山愛美人的風流人物◎...全世界第一座電視塔來自斯圖加特～◎一生超戲劇化的國王──路德維二世◎既是童話國王...

003

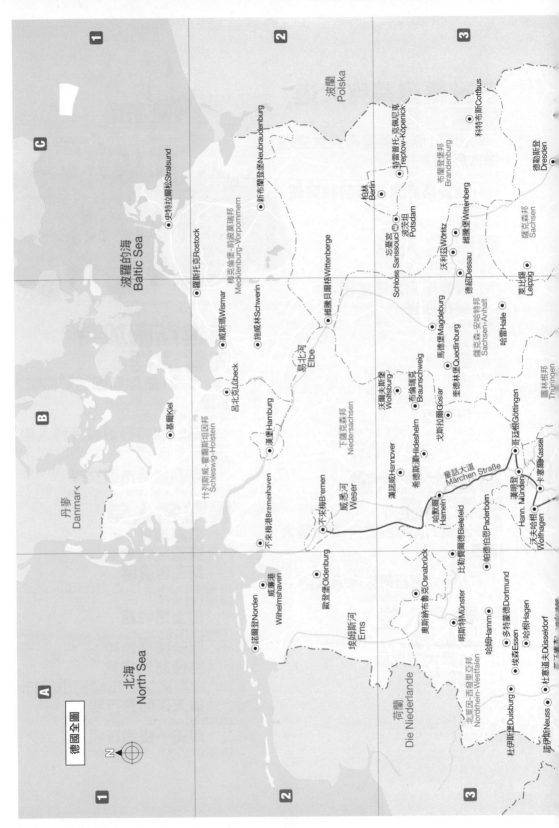

德國全圖

N

北海
North Sea

波羅的海
Baltic Sea

丹麥
Danmark

波蘭
Polska

荷蘭
Die Niederlande

什列斯威·霍爾斯坦因邦
Schleswig-Holstein

梅克倫堡·前波美瑞邦
Mecklenburg-Vorpommern

下薩克森邦
Nieder-sachsen

北萊因·西發里亞邦
Nordrhein-Westfalen

布蘭登堡邦
Brandenburg

薩克森·安哈特邦
Sachsen-Anhalt

薩克森邦
Sachsen

圖林根邦
Thüringen

易北河
Elbe

威悉河
Weser

埃姆斯河
Ems

童話大道
Märchen Straße

史特拉爾松Stralsund
羅斯托克Rostock
威斯瑪Wismar
呂北克Lübeck
施威林Schwerin
新布蘭登堡Neubraudenburg
維騰貝爾格Wittenberge
基爾Kiel
漢堡Hamburg
不來梅港Bremehaven
威廉港Wilhelmshaven
諾爾登Norden
歐登堡Oldenburg
不來梅Bremen
漢諾威Hannover
希德斯漢Hildesheim
奧斯納布魯克Osnabrück
明斯特Münster
比勒費爾德Bielefeld
帕德伯恩Paderborn
哈默爾Hameln
哈姆Hamm
多特蒙德Dortmund
埃森Essen
哈根Hagen
杜塞道夫Düsseldorf
諾伊斯Neuss
杜伊斯堡Duisburg
沃爾夫斯堡Wolfsburg
布倫瑞克Braunschweig
戈斯拉爾Goslar
塞德林堡Quedlinburg
馬德堡Magdeburg
哈雷Halle
萊比錫Leipzig
德紹Dessau
沃利茲Wörlitz
維滕堡Wittenberg
波茨坦Potsdam
忘憂宮
Schloss Sanssouci
柏林Berlin
特雷普托·克柯佩尼克
Treptow-Köpenick
科特布斯Cottbus
德勒斯登Dresden
哥廷根Göttingen
漢明登Hann. Münden
沃夫哈根Wolfhagen
卡塞爾Kassel

A B C

1 2 3

1 2 3

004

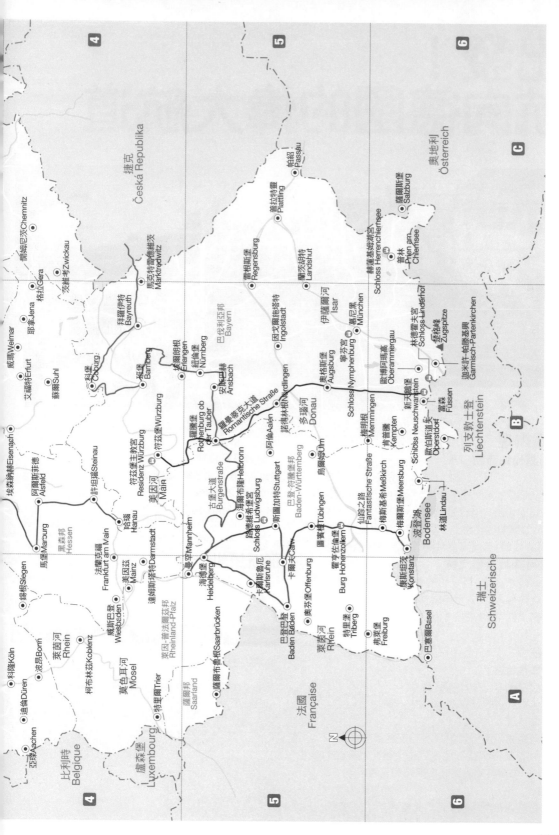

出發！
航向德國的偉大航道

簽證辦理

短期觀光免簽證

從2011年1月11日開始，國人前往包含德國在內的歐洲36個國家和地區，無需辦理申根簽證，只要持有效護照即可出入申根公約國，6個月內最多可停留90天。有效護照的定義為，預計離開申根區時最少還有3個月的效期，且護照上註明有台灣身份證字號。

還是可能被查驗文件

但要注意的是，儘管開放免簽證待遇，卻不代表遊客可無條件入境，入境申根國家可能會被海關要求查驗相關文件，雖然在一般情形下這些文件不一定會用得上，但還是儘量齊備，以備海關人員心血來潮，要求查驗。

這些文件包括：

①來回航班訂位紀錄或機票
②赴申根國家的旅遊醫療保險保單
③英文或德文行程表
④當地旅館訂房紀錄或當地親友邀請函
⑤英文存款證明或其他足以證明自己能在當地維生的證明、公司名片或英文在職證明等等。

其他

如有其他相關問題，或是要辦理非觀光簽證，可洽

詢德國在台協會：

◎ 德國在台協會
⌂ 台北市信義路五段7號33樓
☏ (02) 8722-2800
🌐 taipei.diplo.de

飛航資訊

台灣飛航德國主要航空公司見下，其中除了中華航空直航法蘭克福及長榮航空直航慕尼黑外，其他航空公司都得先轉機至其他城市再前往。

航空公司	電話	網址
中華航空	412-9000(手機加02)	www.china-airlines.com
長榮航空	(02)2501-1999	www.evaair.com
德國漢莎航空	(02) 2325-8861	www.lufthansa.com
泰國航空	(02) 2515-0188	www.thaiairways.com
新加坡航空	(02) 7750-7708	www.singaporeair.com
國泰航空	(02)7752-4883	www.cathaypacific.com
阿聯酋航空	(02)7745-0420	www.emirates.com

德國鐵路攻略

德國是自助旅行最容易的國家之一，其中一個重要原因，就在於鐵路系統很發達，不但鐵路網綿密、搭乘方式便利，而且班次精確準時、速度快，只要搞定德鐵，就能搞定國內交通。德國鐵路由德鐵公司(DB)經營，搭乘方式容易，票種和車種雖有點複雜，但只要釐清其中差異，就能買到適合的票。

德鐵火車車種

貴但快又好──ICE

德鐵代表性列車ICE(Inter City Express)，是全世界最優質的高速火車之一。與日本新幹線不同，ICE所行駛的軌道與一般列車一樣，而且與其他車種使用同一個車站，不但安全舒適、時速超高，在搭乘及轉乘上也十分便利。ICE往來行駛於德國各大城市間，也是在長距離的旅行中最常搭乘的車種。

頭等車廂和二等車廂間設有可享受美食的餐車，以及供應點心、咖啡的簡餐車，此外，不時也會有小餐車穿梭在各車廂之間。

經濟舒適的選擇──IC

如果說ICE是高鐵，那麼IC(Inter City)就像是自強號，IC也許沒有ICE的名號響亮，但速度與車廂設備同樣讓人有舒適的享受，時速最高也達200公里。同時，IC列車上也有餐車車廂和小餐車服務，適合需要長程旅行卻又不打算負擔ICE高額票價的旅人。

跨國專用──EC

EC(Euro City)與IC的等級相同，但能跨越兩國以上國境，可從德國乘EC到丹麥、奧地利、義大利、法國、波蘭等歐洲其他國家。

區域性列車──RE、IRE、RB

除了ICE和IC等長程列車外，還有RE(Regional Express)、IRE (Inter Regio Express)、RB(Regional Bahn)等區域性或短距離列車，行駛不超過一邦的範圍，主要是補充ICE、IC鐵路網的不足與長距離列車的轉乘。

有些區域性列車設備非常新穎，外觀設計也很時髦，不但有雙層車廂，並有特別為腳踏車設計的停放空間。由於車次非常密集，因此在大城市周邊旅行，或往來於次級城市之間時，有非常多機會可以搭乘到。

市區交通工具──S-Bahn

S-Bahn(Stadtschnellbahn)行駛於大都市及其周邊郊區之間，有點像是我們的區間車，在德國各城市都可看得到，不但是市區內重要交通工具，也是通往市郊區最便利選擇。

跨國夜車──Nightjet

在都市之間長途旅行，如果出發時間已是晚上的話，便有機會坐到夜行列車。目前歐洲夜車由奧地利國鐵(OBB)的旗下品牌Nightjet所營運，主要行駛範圍在德國、瑞士、奧地利與義大利之間，所有班次都可於第二天早上抵達目的地市中心。

其車廂分為可以把腳伸直的軟座包廂、獨立私人空間的硬臥包廂、包含廁所與早餐的套房包廂三種等級。雖然夜車的票價較貴，但睡在車上可以省下投宿旅館的錢，而且也會是相當特別的體驗。

持通行證盡量搭ICE，持單程票則需考慮！

ICE的票價是各類車種中最昂貴的，因此，在售票機購票時，會有「除了ICE以外其他車種」的選

項，就是避免不打算搭ICE的乘客誤購。

因此，若你使用的是德鐵通行證，就盡量搭乘ICE；但若是購買單程票，就要考慮在時間和預算上是否值得花這個錢了。

防人之心不可無

若是搭乘軟座車廂，或是和陌生人同睡一間臥鋪車廂，貴重的物品還是要隨身攜帶，以免遺失。

票券種類
德鐵通行證Rail Pass

若是要在德國一次旅行許多城市，最佳方式就是擁有一張德鐵通行證。德國國鐵所發行的通行證可在規定的日期天數內不限次數搭乘DB的所有車種，包括ICE、IC、RE、RB及S-Bahn等(要注意的是，通行證並不能用於搭乘U-Bahn及公車)。由於通行證的發售對象為入境旅客，因此無法在德國國內買到，必須先在台灣向有代理德鐵票務的旅行社購買。

◎德鐵通行證2024年票價(不含開票手續費)：

效期	票種		成人個人票		青年個人票	
	廂等		頭等車廂	二等車廂	頭等車廂	二等車廂
連續	連續3天		€267	€200	€215	€160
	連續4天		€304	€228	€243	€183
	連續5天		€336	€252	€269	€201
	連續7天		€391	€293	€314	€234
	連續10天		€474	€345	€380	€276
	連續15天		€652	€474	€521	€380
彈性	1個月任選3天		€282	€211	€226	€170
	1個月任選4天		€320	€240	€256	€192
	1個月任選5天		€354	€265	€283	€212
	1個月任選7天		€412	€308	€330	€247
	1個月任選10天		€527	€384	€422	€307
	1個月任選15天		€725	€527	€580	€422

以上票價單位為歐元／每人。青年票適用於12~28歲青年。每位成人可帶2名4~11歲兒童同行，同行兒童車票免費，但仍需開票，並支付開票手續費。4歲以下不佔位幼兒無需開票。

超佛心！優惠四重奏，買張通行證給你多更多！

免費大帶小： 每位大人可免費攜帶至多兩名4~11歲兒童。若兒童不與大人同行，則須支付青年票票價；而兒童若需訂位，亦須額外支付訂位費。

八折搭渡輪： 使用德鐵通行證可以八折搭乘由Deutsche Rheinschiffahrt GmbH公司營運之萊茵河渡輪科隆(Köln)至美因茲(Mainz)間，及Mosel河畔的柯布林茲(Koblenz)到科漢(Cochem)間的普通航班，詳細資料網址：www.k-d.com。

五折搭Volcano Express： 搭乘往返Brohl和Engeln的Volcano Express(Vulkan-Expreß)，可享五折優惠。

九折購城市卡： 購法蘭克福卡(Frankfurt Card)和紐倫堡卡(Nürnberg Card)享九折優惠。

Did YOU KnoW
通行證使用注意事項

1. 通行證需於開立後11個月內開始啟用，目前所有通行證已全面改用電子票券，須事先在手機下載安裝Rail Planner的APP(請確認手機符合系統要求)，並於第一次上車前在APP上輸入姓名與通行證號碼以啟用生效。
2. 每次上車前都要先用APP建立行程(Trip)，並將行程與Pass連結。
3. 若搭乘的是跨日的夜車，遇到查票時請出示上車日那天的車票。
4. 部份車站月台設有閘門，請使用APP上的QR Code開門過閘。
5. 至少每3天要開啟APP上線一次。
6. 通行證不包含事先訂位的手續費用，一般而言，德國火車沒有強制訂位的要求，但若是遇到商展或嘉年華會期間，最好還是先訂位。
7. 請特別注意，持有通行證搭乘夜車時，需要補付差額。

一般車票

可在車站自動售票機或德鐵櫃台購買，也可在德鐵網站上以刷卡的方式訂購(將購票憑據列印下來，即可當作車票使用，查票時需連同付款信用卡一起查驗)，通常購買來回票會比買兩張單程票便宜。

 到底要買通行證、一般車票，還是德國鐵路卡？

如果只去一、兩個城市，或是旅遊行程範圍不大，建議購買一般車票就可以了，但若要在好幾個城市間做長距離旅行，購買通行證比較划算，至於鐵路卡，只建議長時間在德國生活或搭乘次數相當多的人使用。

飛達旅遊
在台灣可先向飛達旅遊購買德鐵及歐鐵票券
⌖台北市中山區南京東路三段
168號10樓之6
☎(02) 8161-3456
🖥www.gobytrain.com.tw

德國鐵路卡(BahnCard)

BahnCard 25可享全年購票七五折，BahnCard 50則享全年購票五折優惠，BahnCard 100更可全年免費搭乘火車。但是BahnCard本身也不便宜，因此要搭得夠多才划算。

邦票 Länder-Tickets

邦票可在效期內不限次數搭乘，不過，搭乘範圍不能跨越邦境，且只能搭乘RE、RB等邦境之內的區域性火車，不適用於ICE、IC等全國性列車。持邦票者，搭乘的是二等車廂，不過有些邦票可以加價升等。此外，邦票也可用來搭乘各地區的市區大眾運輸系統，包括S-Bahn、U-Bahn、公車等。

柏林、漢堡、不來梅等三個城市邦，與其外圍的大邦合用邦票。每個邦的邦票價錢、適用人數及使用規則都不盡相同，在售票機上，各邦邦票的選項後方會有個(i)的按鈕，按下後會有詳盡說明(本書各相關城市資訊也有各邦票的使用規則)。

Did YOU KnoW
買到邦票後必須簽名

因為邦票不能轉讓，買到票後必須在上面簽名，以備查驗。

搭車資訊

查詢火車時刻

　　進入火車站，先在大看板上查看列車到站時刻及搭車月台資訊，亦可在售票機購票時，留意是在第幾號月台搭車，到了月台就可看到火車到站及離站時刻表。

訂位

　　德鐵列車基本上不需要訂位，並且在購買一等車廂與夜車的車票時，車票中已包含訂位。不過如果使用德鐵通行證，又遇到大型商展或嘉年華會，最好還是先訂位比較保險，例如十月啤酒節期間開往慕尼黑的各班列車，別說是頭等車廂，就連二等車廂的不訂位座位都很有限。

　　無論使用德鐵官網、自動售票機，或在櫃檯窗口，購買車票時都可順便訂位。若已持有德鐵通行證，在官網上可選擇「Reserve a seat only」，也就是只訂位不購票的選項；而在自動售票機的起始頁面，則是從左下角的區塊前往只訂位不購票的功能。

　　訂位手續費並不包含在德鐵通行證內，因此即使持有通行證，訂位時還是得額外付這筆錢。訂位成功後，該車次座位上方或包廂門外的電子顯示板就會亮起起訖站名，其他沒有訂位或行程不同的人，就不能在這個座位上坐下。

確認列車及車廂

　　月台佈告欄上貼有該月台進站的所有列車各級車廂的上車對應位置，根據自己買的車廂等級，先到相應的上車區域等待，免得火車進站之後才開始匆忙奔跑。

　　在火車車身及連結各車廂的門上，會有1及2的標示，表示該車廂為頭等或二等車廂，若買頭等車廂的票，可自由選擇坐在各級車廂，但若是買二等車廂的票，可要注意別坐到頭等車廂的座位。

　　車門上除了標示車廂等級，也有一些其它標誌，表示這節車廂的屬性，例如輕聲、可使用行動電話，或附有殘障座位等，可視自己的需要選擇車廂乘坐，也請記得遵守車廂內的規定。

 Double Check才放心

基本上德國的火車很準時，可依時刻表上標示的時間來判斷何時該下車，不過德國火車也不是一分不差，偶爾也會誤點，建議在下車時還是再確認一下站名是否和車票上的站名一樣。

除了要繳納高額罰款,還可能被拘捕留下不良紀錄。開放式月台是建立在對人心的信任上,給予乘客方便,絕對不要因為貪圖小便宜而去破壞這種信任。

開車門

德國火車車門開啟採半自動式,若火車停在鐵軌不動,但車門已關閉時,可別以為火車要開走了,只要車門上的按鈕燈還亮著,就可按鈕開門;下車也是。有些舊式火車則要旋轉門上的手把才能開啟。德國火車對殘障人士及老年人的服務很周到,只要在月台邊按下服務按鈕,就會有專人幫忙鋪板子或攙扶上下車。

不對號入座

德國火車並沒有對號入座,只要看到空位便可坐下,但是在搭乘ICE時,如看到座位上方的電子顯示板上有起訖站的名稱,表示這座位有人訂位,請勿入座,除非顯示站名和你的行程沒有衝突,表示該訂位的乘客在你下車後才會上車,那麼也可放心坐下。

◎行李

在座位上方皆有置物架可以放置隨身行李,每節車廂的前後兩端也有較大的空間可供放置大型行李。不過,德國治安雖好,還是會有宵小之徒看準外國人下手,因此,最好讓自己的行李保持在視線範圍內,並不時投以目光,這樣便不容易成為下手目標。

◎查票

德鐵月台並無設置車票閘門,任何人都可隨意進出,但在火車上一定會遇到查票員,因此,絕對不要抱持僥倖心態搭霸王車,被抓到的話後果非常嚴重,

德國鐵路關鍵字彙

車站	Bahnhof
中央車站	Hauptbahnhof(簡稱Hbf.)
時刻表	Fahrplan
售票處	Fahrkartenschalter
出發	Abfahrt
到達	Ankunft
單程車票	Einfach
來回車票	Hin und Zuruck
頭等	Erste Klasse
2等	Zweite Klasse
入口	Eingang
出口	Ausgang
軌道、月台	Gleis
車掌	Schaffner
夜車	NachtZug
輕聲車廂	Ruhezonen
禁煙車廂	Nichtraucher
吸煙車廂	Raucher
轉乘	Umsteigen
接駁車	Anschlusse des Zuges
行李寄放處	Gepackaufbewahrung
寄物箱	Schliessfach
一日乘車券	Tageskarte
短距離車票	Kurzstrecke
長距離車票	Langstrecke
預約中心	Reisezentrum

德國行前教育懶人包

旅行前，最好要知道的事
旅館訂了嗎？

　　交通便捷性、房間舒適度和符合預算的價格是一般遊客最常考慮的幾個因素，首先，決定性的指標就是交通。

　　先排出大致的行程，確定想要去的地方並了解交通概況後，就可尋找相對交通方便的住宿點，例如預計前往多座城市的人，可考慮住在火車站附近；而定點旅遊的人如果想省錢，可住在稍遠離市中心但靠近地鐵站等大眾運輸設施的地點，它們通常能擁有比較實惠的價格。另外，也別忘了考量住宿區域附近的治安。

◎德國的住宿有哪些選擇？

　　德國的住宿種類非常多，按照類型和特色可分為飯店、青年旅館和旅社、民宿和出租客房、沙發客等多種，可以視人數、需求和預算來作選擇。

◎不會德文、英文怎麼訂房？

　　不懂德文，對英文也很沒信心，要怎麼預訂飯店呢？其實現在許多國際訂房網站都有提供中文介面服務，想要訂房並不難。

◎怎麼知道哪家飯店比較好？

　　不妨上TripAdvisor或Agoda網站爬文，觀看來自世界各地的旅客在該旅館的實際住宿經驗，除了有旅店提供的照片外，還有住客自己拍攝的照片分享，讓人更能了解旅店實際狀況。

◎一定要事先訂房嗎？

　　若是在旅遊旺季，當然建議事先訂房。但如果不是旺季，其實只要先訂好比較確定的日期即可，例如剛入境的第一晚，或是特殊日子的晚上，這樣的好處是行程會比較彈性。

◎訂房小撇步

　　若是行程還有變動的可能，最好先訂「可以取消預約」的房型，才不會因為退訂被收取費用。如果百分之百確定要住，「不可退費」的房型則可以省下大筆旅費。

◎房型差很大

　　德國有許多小型旅館是由老房子改建，不見得每間客房都有獨立的衛浴設備，有些房間只有洗手台（Waschbecken），或是附淋浴間（Dusche）、附馬桶（WC），旅館網站上會在這類房間特別註明，或直接標示「衛浴設備在房間外」（Bad und WC am Flur）。這種需要與其他人共用浴廁的房型會特別便宜，訂房前請務必仔細查看房間設施。

1樓、2樓傻傻分不清楚

台灣人理解中的1樓，在德國稱為Erdgeschoß，也就是「地面樓層」。對德國人來說（其實不只德國，整個歐洲皆是如此），要再往上爬一層樓才是1樓，也就是德國的1樓（1. Etage）在台灣算是2樓，依此類推。台灣旅客常在下樓按電梯時，直覺按下「1」的鈕，待電梯開門才發現在2樓。請記得，在德國要到1樓（地面層），要按「E」或「EG」的鈕。

◎情侶請注意！

青年旅館宿舍與浴室是男女分開的。如果是情侶、夫婦與需要私密空間的旅人，青年旅館裡也有獨立衛浴的私人房間，只是價錢沒有比一般平價旅社便宜多少。

◎住宿不一定包含早餐喔！

一般星級酒店的標準房價是不含早餐的，但酒店也會推出含早餐的套裝方案，訂房時要看清楚。通常這些方案的價差，足夠你到街上吃好幾頓早餐。而便宜的旅館或汽車旅館，有時則會有簡單的早餐供應。

需要租車嗎？

雖然德國不論城市內外，大眾運輸都極為發達，開車向來不是人們旅行德國的主要交通工具，但是若要前往黑森林中較偏僻的小鎮，或是想在特定觀光路線上一站一站玩下去，開車還是比較方便。德國的公路系統也很發達，可別忘了，高架路面的高速公路概念當初就是德國人發明的，而無速限的公路也吸引不少人嚮往，尤其在德國租車很容易就能開到賓士或BMW，還真是過癮！

◎租車公司

德國的機場都有租車公司櫃檯進駐，雖然在機場租車會比在市區服務據點要來得貴，但租、還車都比較方便。如果擔心語言溝通的問題，也可以事先在網路上預約，不但可以好整以暇地挑選車型，還能仔細閱讀價格計算方式及保險相關規定，租起來比較安心。尤其在德國，開手排車的人還是占多數，如果到了當地才臨櫃辦理，經常租不到自排車，因此開不慣手排的人，強烈建議先在網路上預約車型。像是Hertz、Alamo、Avis、Europcar、Sixt等國際連鎖租車公司，都可以透過網路預約，雖然價錢比當地小型租車公司貴，但要甲地租、乙地還，比較容易找到據點。

◎租車價格

租車價格由各公司自定，根據車種、排氣量、租車天數而變動，可事先上網比價，通常在週末時租車公司會推出優惠促銷，值得好好利用，但要注意有些便

宜方案會限制每日行駛的里程數，超出里程需加收額外費用，如果預期移動距離較遠，記得選擇不限里程的方案。

德國的租車公司對承租的駕駛人常有年齡限制，而且每家公司不太一樣。大致說來，25歲以下的駕駛人常會被收取一筆「以日計價」的差齡費，同時，多數租車公司希望駕駛人持有駕照1年以上，否則也可能會有額外費用，請多加注意。

此外，還有幾個因素會影響租車價格：手排車比自排車便宜、原地還車比異地租還便宜、在市區服務處租車比在機場或火車站租車便宜、高級汽油車比柴油車便宜。

◎取車

租車基本上有兩種方式：一是事先透過網站訂好車子，到了機場憑預訂號碼取車，一是直接到櫃檯臨櫃辦理。拿到鑰匙後，記得先檢查車體有無損傷，以免還車時產生糾紛。發動引擎，檢查油箱是否加滿；調整好座椅與照後鏡，弄清楚每個按鍵的位置，並詢問該加哪一種油，然後就可以出發上路！

◎保險

租車的保險都是以日計價，租得愈久，保費愈貴，以下是可能會接觸到的險種：

碰撞損毀免責險(Collision Damage Waiver，簡稱CDW)

這項保險保的是租車在事故中的損壞。雖然交通意外不常發生，但在人生地不熟的地方開車，刮傷時有所聞，因此這項保險建議一定要保。

竊盜險(Theft Protection，簡稱TP)

雖然德國治安不差，但偷車倒也不是罕見案例，若車子不幸被偷，與賠償金額相比，TP的保費就顯得微不足道了。

個人意外險(Personal Accident Insurance，簡稱PAI)

這項保險保的是意外中，己方駕駛與乘客的傷亡，根據傷殘的嚴重程度，有不同的理賠係數。

個人財產險(Personal Effects Cover，簡稱PEC)

這項保險保的是意外中，駕駛人與乘客的行李財物的損失。

◎還車

大多數旅人還車的地點是在機場，駛近航站大樓前，就會看到某一車道上的路標指示還車地點，順著該車道進入停車場後，會有不同租車公司的指標指引，在還車停車格停妥，就會有租車公司人員過來檢查車輛。

記得在還車前先去加油站把油加滿，因為沒有滿油會被收取不足的油錢，而租車公司的油價絕對比石油公司高很多。檢查完畢，租車人員就會開收據和信用卡簽單，簽名之後，還車手續就完成了。

◎加油

加油站的德文為「tankstelle」，大多採自助式，在油槍前停車熄火後，直接拿起油槍就可加油。不同公司的汽油名稱略有差異，可依據價錢高低來判斷92、95、98的等級，而柴油則一律稱為「Diesel」。

油槍跳停後，到加油站附設商店的收銀台，告知店員油槍號碼並確認金額，就可用現金或信用卡付費。

◎道路救援

道路上如果發生拋錨、爆胎、電瓶或汽油耗盡等狀況時，車鑰匙上通常會有道路救援的免付費電話號碼，而道路救援的費用會在還車時顯示在信用卡簽單上，請注意，如拋錨停在路肩，別忘了在車後100公尺放置三角警示牌。若是具有責任歸屬的交通事故，除了通知租車公司外，也必須報警處理，並在警察前來勘驗前，保持事故現場。

Stop Sign停車再開

在許多路口會豎立一根紅底白字的八角形標誌，上面寫著「STOP」。在台灣遇到寫著「停」的標誌，大概沒有多少人會真的停下來，但在德國，「停」並不是減速而已，而是讓車輛完全靜止，因此看到這個標誌時，務請和遵守秩序的德國人一樣停車再開。

◎雪地行車

雪地行車的要訣只有一個字：慢。如果開車開到一半下起大雪，先把大燈切換成遠光燈，再打開霧燈或警示燈，在雪地上緊急煞車是大忌，這也是雪地行車速度要慢的原因，因為在抓地力不夠的情況下，緊急煞車容易失控或翻車。若遇到下坡路段，使用「點煞」的方式放慢速度，也就是連續輕踩煞車，切勿將煞車踩到底。

歐元大約要換多少才夠？

在德國，絕大多數情況下都能使用信用卡，所以其實也不需要換太多現金。雖然在海外刷卡會被多收一筆手續費，但去銀行換現金也一樣會有手續費，換算下來，兩者的差異並不大。

通常身上至少帶500元現鈔，以應付無法使用信用卡的情況，同時也避免萬一卡片刷不過的窘境發生。如果實在沒有安全感，也可以向金融卡發卡銀行申請開通海外提領現金的服務，以備不時之需。

零錢也很重要！

身上最好隨身帶一些小鈔或硬幣，上廁所給小費的時候會需要用到。

旅行中，可能會遇到的事
如何快速通過海關

隨指標抵達入境審查處後，請在標示為「外國人、非歐盟國家人士」(Non-EU)的窗口前依序排隊，並準備：1.護照2.來回機票或電子機票，交給窗口的入境審查官。目前入境歐盟申根國無須填寫入境卡，若有其他可證明無非法居留意圖的文件，如旅遊行程表、英文財力證明、英文在職證明、訂房紀錄、申根海外旅遊醫療保單等，請隨身攜帶以備查驗。

審查過程中，移民官員通常會詢問一些問題，例如：旅行目的、天數、住宿地點、職業等，確認你沒有非法居留的意圖。移民官對外國人的問話一律以英文進行，回答時前後要一致，言簡意賅，切莫節外生枝，甚至只要回答單字就可以了。

德國的自來水可直接喝嗎？

德國的自來水可以生飲，自備水壺裝水，能省下不少買水錢。但腸胃體質敏感的人，可能還是到店裡買礦泉水喝會比較安心。

商店的一般營業時間

平日大約10:00~18:00左右，許多店家週六會提前打烊，或者乾脆不營業，週日則通常不會開門。

要怎麼給小費？

在德國沒有要給小費的硬性規定，除非覺得服務實在太好才會給小費，而且是直接把現金拿給侍者，而不是放在桌上。住在高級飯店，可支付約€1小費給行李小弟或房間清理人員；住在一般旅館則不必付小費。搭乘計程車時，若是請司機幫忙搬運行李，則建議給€1。

找廁所要付錢

德國的男廁是「Herren」，女廁是「Damen」，在德國上公共廁所通常都要付錢，金額從¢30~¢50不等，有的廁所門口有專門收錢的人，有的則是投幣式。

購物可以退稅嗎？

可以。凡在有「Tax Free」標示的商店購物(可詢問店家)，須在同一天、同一間店消費額滿€50.01以上即可申請退稅，請記得要向售貨員索取索取並填寫退稅申請單(Tax Free Form)。

VAT是什麼？

在歐洲購物，商品價格已包含增值稅(VAT)在內，而德國目前一般貨物的增值稅為19%(食物、書籍、藥品等的增值稅為7%)。

觀光優惠票券好用嗎？

德國各個地區都有屬於自己的觀光優惠票券，重點城市的城市卡提供許多景點和博物館的門票或優惠，而邦票則提供邦境內的多項大眾交通工具通行，購買與否取決於每個人的行程及需求。

Did YOU KnoW

看到姓氏就知道做什麼?!

說到德國人的姓氏，常能溯源到祖先職業、家族所居住的地方等，如木匠(Zimmermann)、鞋匠(Schumacher)、麵包師(Becker)、磨坊主(Müller)、屠夫(Metzger)、廚師(Koch)、法官(Richter)、音樂家(Musik)、鐵匠(Schmidt)、裁縫師(Schneider)、漁夫(Fischer)、農場主人(Meyer)、紡織工(Weber)……十分有趣。

用餐時，不妨了解的習俗

德國啤酒乾杯啦！

來到德國，最著名的飲料當然是啤酒，德國為世界第二大啤酒生產國，約有一千三百多家啤酒廠，生產的啤酒種類高達五千多種，大致可以分為白啤酒、清啤酒、黑啤酒、科什啤酒(Kölsch)、出口啤酒、無酒精啤酒等幾大類。

◎怎樣喝酒才有禮貌？

德國人雖然愛喝啤酒與紅白酒，但請記住，飲料或啤酒一上桌，別自己拿了張口就喝，也不是只和自己眼前的人敬酒，而是要和同桌在場的每一個人都碰酒杯敬酒，四目相對後，大家一起舉杯喝酒，這才是有禮貌的行為。

不想續杯有方法

在科隆與杜賽道夫等地的啤酒館，因啤酒杯較小，許多人不只喝一杯而已，服務員看你啤酒快喝完了，就會自動幫你補上一杯，也會把數量直接記在啤酒紙墊上，最後看上頭的數目來算錢。若不想再喝了，就把啤酒墊蓋在啤酒杯上即可。

德國人一天怎麼吃

一天三餐，德國人通常只吃一頓熱食，其餘兩餐幾乎是麵包搭配冷食為主。

三餐中，早餐最豐盛，也是德國人看重的一餐，需要營養均衡的多元飲食，除了牛奶、咖啡、茶、優酪乳之外，德國麵包一定會配上各類的香腸火腿切片、起士、義式沙拉米、軟起士塗醬、奶油、果醬、燻鮭魚等，讓早餐吃得飽足以迎接忙碌的一天。

傳統上，德國人是中午吃熱食、晚餐吃麵包冷食，但因現在大家都是在外上班、上學，午餐常會帶個簡易的麵包餐盒解決一餐，晚餐才會吃上熱騰騰的豐富餐點。

德國麵包越嚼越香

著名的德國麵包，製作的歷史已有八百多年了，衍生的變化讓德國麵包多達三四百種之多。

與台灣常見的鬆軟香甜的麵包質地截然不同，德國麵包以麵粉、大麥、小麥、裸麥、黑麥等穀物天然的食材，以無油、無糖、無蛋、無奶、高纖為主，並以天然酵母來發酵，無太多人工添加物，使麵包帶有穀物的天然麥香味，越嚼越香。

也因麵包質地偏乾硬，加上甜或鹹的抹醬(奶油、果醬等)，再夾上香腸火腿切片與起士，是吃德國麵包最普遍的吃法。

平價美食正夯！來自土耳其的Döner

最常見、最平價的德國平民小吃，土耳其旋轉烤肉(Döner 或稱kebap)絕對榜上有名。以麵包夾上烤肉，佐以沙拉、蔬菜、起士和醬汁的土耳其旋轉烤

肉，據稱是居住柏林的土耳其人於1971年傳入，並改良成德國人的口味，因為德國境內勞工需求引進大量土耳其外勞，因而讓旋轉烤肉有了市場，1980年代後，供應旋轉烤肉的小吃店就在各地如雨後春筍般出現了，成為德國極為風行的速食餐點。

原來德國人超愛吃水煮蛋

德國人很愛吃蛋，尤其是水煮蛋，為了方便吃水煮蛋，他們甚至還發明了許多小工具，有專用的蛋杯、小勺和鹽罐。為了剝開蛋殼，還有特別的開蛋器，只要套在蛋殼上，讓金屬球從桿上滑落，輕輕一碰後再輕輕一掰，蛋殼的頂部就可完整切開了，真是好玩又有趣的吃法。

Did YOU KnoW

德國人愛吃鵝是為了報復?!

在聖馬丁節前後的整個11月份，德國許多餐館都備有「馬丁鵝」這道餐點。傳說中，聖人馬丁在躲避古羅馬士兵的追捕中，原本好好地躲在農舍，卻因鵝的啼叫聲而被捕，所以人們吃鵝以報復鵝的出賣。

其實在秋冬之際，準備過冬的鴨鵝類，就是脂肪豐餘的最佳食用季節，愛吃的德國人找到了吃鵝的最佳理由。歲末年冬，吃鵝之外就是吃鴨，德文的「鴨」為Ente，發音近似於德文「最終」的「Ende」，為了要「最終好，所有都好」(Ende gut，alles gut)，取其音近的俗諺變成「鴨子好，所有都好」(Ente gut，alles gut)，於是12月吃鴨也成了德國人的習慣。

其他旅遊相關資訊

氣候

德國大部份地區屬於涼爽潮溼的溫帶海洋性氣候，東部則是大陸性氣候，四季溫差較大。春天約4、5月來臨，10月後便開始下雪，不過，近年來氣候變化劇烈，前一年的天氣往往已不能作為後一年的參考，建議出發之前最好先查詢即時的氣候預報。

時差

夏令時間，台灣時間減6小時為當地時間；其餘月份，台灣時間減7小時為當地時間。

夏令時間

夏令時間又稱「日光節約時間」，因為在高緯度的國家，冬季與夏季的日照長短落差大，為使人們配合日光作息，因而有此規定。每個國家的夏令時間不盡相同，絕大部分國家的夏令時間，是從每年3月的最後一個週日開始，將時鐘調快1個小時，至10月最後一個週日結束，再將時鐘調慢1個小時。

貨幣與匯率

德國使用歐元(Euro)，以符號「€」代表，1歐元等於100歐分(¢)，紙幣面額有€5、€10、€20、€50、€100、€200、€500，硬幣面額有¢1、¢2、¢5、¢10、¢20、¢50、€1、€2。1歐元約等於新台幣35元(僅供參考，實際匯率時有變動)。

電壓

220V，台灣電器需使用圓形的兩孔轉接插頭。

打電話

台灣直撥德國：002-49-區域號碼(去掉0)-電話號碼
例如002 + 49 + 30 +電話號碼。

德國直撥台灣：00-886-區域號碼(去掉0)-電話號碼
例如00 + 886 +2 +電話號碼(若是手機號碼需去掉第一個0)。

網路

◎免費Wi-Fi

在德國，網路的使用相當普遍，各飯店、餐廳幾乎都有提供免費的無限上網，只要在消費時，向店家詢問上網密碼即可。

◎當地sim卡

若需要隨時能夠上網或在德國撥打當地電話，可在德國通訊行如T-Mobile、Vodafone、O2等，購買手機預付sim卡，依通話費率、有無網路等差別，每張sim卡略有價差。要注意的是，德國針對外國人購買手機預付卡控管嚴格，購買手續繁瑣，因此，建議出國前先在台灣租用Wi-Fi分享器較方便省事。

◎Wi-Fi分享器

Wi-Fi網路分享器的特點為訊號能供多人同時使用，若是同遊的旅伴多，是最划算的選項。不過同時連線的人愈多，網速也會愈慢就是了。國內有多家業者提供分享器的租賃服務，大多能在機場櫃檯領取和歸還。

記得要預約！

由於機場存貨有限，因此多半會要求提前預約。分享器每日有流量限制，當日流量用完仍能上網，不過會降速。通常只要不下載影片或大量更新，流量都很足夠。

復活節的活動

復活節是耶穌死後三天復活的重要節日，復活節前的週五是耶穌受難日，這一天起全德開始放連假。週六商店只工作半天，週日有最受小孩們歡迎的找彩蛋活動，復活節週一有些小村落還會有小孩搖鈴，爭相走告耶穌復活的好消息。當然，教會的彌撒每天都有，信徒們備妥復活節彩禮前往教堂，也是為全家消災祈福的重要節日。除了畫彩蛋、找彩蛋、還會在樹上掛滿彩蛋，非常繽紛，復活節也是家族聚會的重要節日。復活節期間也有復活節篝火活動，篝火越燒越旺，燒掉枯枝與煩躁，除舊佈新以迎接新生命的開始。

充滿歡樂的聖馬丁節

每年11月11日天主教的聖馬丁節也是很受歡迎的傳統節日，相傳馬丁是4世紀初的羅馬軍官，因他在風雪天割下自己的一半衣物給一位乞丐，後來發現乞丐原是耶穌化身，當馬丁於11月11日病逝後，被天主教追為聖人，這天也成了聖馬丁節。德國兒童們會在聖馬丁節提燈籠唱聖歌，參加聖馬丁遊行，還可提著燈籠到處唱歌討糖果，是頗受德國孩子們歡迎的傳統節日。

緊急聯絡電話

◎當地報案電話
警察局：110或112
◎駐德國台北代表處
📍Markgrafenstrasse 35, 10117 Berlin Germany
☎49 (0) 30203610
◎急難救助電話
駐德國台北代表處：(49) 1713898257

德國國定假日

日期	節慶	備註
1月1日	元旦(Neujahr)	國定假日
復活節前的週五	受難節(Karfreitag)	國定假日
每年春分月圓後的星期日	復活節(Ostern)	國定假日
復活節後的週一	復活節後週一(Ostermontag)	國定假日
5月1日	國際勞動節(Tag der Arbeit)	國定假日
從復活節算起第40天	耶穌升天節(Christi Himmelfahrt)	國定假日
耶穌升天節後第10天	聖靈降臨節(Pfingstmontag)	國定假日
10月3日	國慶日(Tag der Deutschen Einheit)	國定假日
12月24日	平安夜(Heiligabend)	中午起百貨、超市、餐廳、公司行號等陸續關門放假。
12月25至26日	聖誕節	國定假日

玩德南要吃什麼？

直到1870年，德國才以統一姿態成為一個國家名詞，各地之間錯綜複雜的糾葛歷史也反映在食物方面，許多料理乍看之下都有血緣關係，仔細分辨卻又多少還是不同。德國人對肉類情有獨鍾，尤其是豬肉，豬腳、香腸幾乎成了全德共同的代表菜色；德國料理另一項特色，就是份量豪爽，再配上最具當地風味的啤酒，大口喝酒大口吃肉，也能獲得意猶未盡的用餐體驗。

德國餛飩 Maultaschen

把肉包在麵皮裡的德國餛飩既常拿來煮成清湯，也能淋上醬汁成為主菜，做法十分多元。

火焰脆餅 Flammkuchen

把麵皮鋪成薄薄的四方形〈或圓形〉，灑上洋蔥、培根碎片等，烤成有如Pizza似的脆餅，是巴登-符騰堡地區引以為傲的特色美食。

黑森林蛋糕 Schwarzwälder Kirschtorte

正宗的黑森林蛋糕內摻有櫻桃白蘭地、櫻桃果粒，再塗上厚厚的鮮奶油，口感濃厚、香氣十足。

烤牛肉配手指麵 Rostbraten mit Schupfnudeln

烤牛肉排是道地的施瓦本菜，搭配的通常是又粗又短的Schupfnudeln，因為樣貌的關係，也被稱作「手指麵」（Fingernudeln），這種麵條是將麵粉和入馬鈴薯泥搓揉而成，相當具有飽足感。

白香腸與蝴蝶脆餅
Weißwürste & Breze

香腸內以荳蔲、香芹、蔥薑調味，上桌時會裝在熱水鍋中，以防太快冷卻。白香腸搭配的醬料常是芥末，並與蝴蝶脆餅一同食用。蝴蝶脆餅是一種質地紮實的扭結狀麵包，外表沾有粗鹽粒，在傳統酒館中經常會有侍者問你是否需要，不過即使蝴蝶脆餅是「自動」出現在餐桌上，只要你拿起來吃了，價錢也會「自動」加在帳單裡。

烤豬腳 Schweinshaxe
將浸透滷汁的豬肘串起來烤乾，淋上肉汁後搭配醃酸菜和黃芥末一起吃。若是喜歡酥脆口感，則可要求將外皮做成脆皮（knusprig gebratene），更有咬勁。

玩德國就是要喝啤酒！

1516年，巴伐利亞的威廉四世公爵頒布了德國史上最重要的法令──純酒令，規定只能用麥芽、啤酒花及純水來釀造啤酒，後來發現酵母的存在後，又將酵母列為第四項元素。直到現在，德國啤酒仍遵循這項古老的法令，以此保證啤酒的釀造品質，造就出德國啤酒數百年來不壞的堅實口碑。

古斯啤酒 Gose

上層發酵的古斯啤酒只有在萊比錫的傳統酒館才喝得到，由於豁免於純酒令的限制，在釀酒過程中加入胡荽、鹽巴等其他原料，因此喝起來有點鹹味。許多人在點古斯啤酒時會要求混合一點威士忌，或者加入草莓、檸檬、薄荷等口味的香精，味道非常奇妙。

深色啤酒 Dunkel

Dunkel寫成英文就是Dark Beer，這種源於慕尼黑的啤酒如今已流行於全巴伐利亞，傳統印象中德國人豪飲時拿的有把大啤酒杯，裝的就是這種啤酒。深色啤酒屬於卜層發酵，色澤亮棕至暗棕，聞起來有烤土司和小麥麵包的香味，喝起來甘苦適中，有點巧克力或焦糖的味道，濃度在4.5~6%左右。

黑啤酒 Schwarzbier

源於德國中南部的Schwarzbier，寫成英文就是Black Beer，為下層發酵的拉格啤酒。顏色呈暗棕色至黑色，有淡淡的啤酒花香，味道則有烘烤麥芽的甜味，濃度為3.4~5%。

小麥啤酒 Weizen

不喜歡啤酒苦味的人，多半都很喜歡小麥啤酒，這種上層發酵的啤酒，顏色呈現極淡的麥色或淡琥珀色，泡沫漂亮而持久，氣味有類似丁香、肉桂，或薰香、香草的香味，苦味極淡，口感香甜，濃度約為4.9~5.5%。

柏林白啤酒 Berliner Weisse

白啤酒為上層發酵，色澤呈淡麥桿色，聞起來有濃郁的水果香，喝起來完全沒有苦味，卻有濃烈的果香酸味，濃度約為2.8~3.4%。

煙燻啤酒 Rauchbier

班堡特有的煙燻啤酒是一種特別的混合發酵啤酒，顏色呈亮茶色至黑色，喝起來有烘烤麥芽的甜味與煙燻的香味，濃度在4.6~5%之間。

老啤酒 Altbier

這種特產於杜塞道夫的上層發酵啤酒，之所以名之為「老」，其實是因為其完全發酵的釀造方式。啤酒色澤呈銅色至茶色，氣味有清淡的水果香，啤酒花和麥芽味皆屬中等，濃度在4.3~5%左右。

啤酒花不是花

在啤酒釀造過程中，極為重要的「啤酒花」原料，德文為「Hopfen」，中文翻譯為「啤酒花」，聽起來像是某種花卉，但其實不是喔，啤酒花是雌株才會結啤酒花毬果，毬果像松果形狀，像花也像果，顏色為翠綠，是台灣難得見到的植物。

啤酒花可增加啤酒中的苦味，有如調味品的功能，得以調和麥芽的甜味，增加啤酒的風味。也是天然的防腐劑，可讓啤酒保存期限長久些，這在尚無冰箱的古老年代，是保存食品最重要的需求。

科隆啤酒 Kölsch

這種上層發酵的啤酒，顏色金黃，啤酒花的味道極淡，苦味中等，略帶些微甜味，喝來十分爽口，有「女性啤酒」之稱，濃度為4.8~5.2%。

皮爾森 Pilsener

源於波希米亞的皮爾森，流行於德國東部與北部一帶，由於皮爾森最流行的時候正好是德國向遠東經略的新帝國主義時代，因此東亞國家熟悉的啤酒，大多屬於皮爾森。皮爾森為下層發酵，色澤金黃明亮，具高度透明感，且泡沫純白綿密，氣味溫和，聞得到些許麥芽香，但啤酒花味道較苦。濃度約為4~5%。

到德國要買什麼？

德國人一絲不苟的務實個性，專注於工藝的精湛完美，使得這個國家上自汽車工業，下到庖廚用品，擁有不少天字第一號的精品名牌，不但性能沒有話說，更是社會品味的象徵。至於德國的傳統工藝，如咕咕鐘、胡桃鉗木偶等，如今已逐漸脫離實用的範疇，不過作為充滿民族韻味的精緻裝飾品，仍是紀念品店中的寵兒。

Rimowa行李箱

Rimowa早已成為頂級旅行箱的代名詞。只是價格不太平易近人，若是在德國購買，加上退稅，可省下不少錢。

WMF 廚具精品

WMF最有名的是不鏽鋼鍋具，既耐用又不易沾黏，且傳熱快而均勻。加上完善的全球售後服務，得到顧客高度肯定。

雙人牌刀具與廚具 Zwilling J.A Henckels

雙人牌的刀具不但堅固耐用，而且還很符合人體工學。由於價格高昂，被視為刀具界中的奢華精品。

勃肯鞋 Birkenstock

勃肯鞋因為材質舒適合腳，造型輕便好穿，因而得到人們青睞。由於是德國品牌，勃肯鞋在德國的價格全球最低。

ic！berlin眼鏡

薄僅0.5mm鋼材打造的鏡架，使得眼鏡重量只有一般太陽眼鏡的1/5，加上獨特無螺絲、彈簧、鉸鏈等的嵌入式設計，一體成型種種特性令人讚嘆，難怪深受國際巨星名流們喜愛。

飛狼運動服飾 Jack Wolfskin

飛狼是德國最大的戶外用品廠牌，其休閒衣物與旅行用品相當流行。

BREE皮件

BREE是1970年在漢諾威創立的皮件品牌，時尚與實用性兼具，很快成為德國的皮件代表品牌。

胡桃鉗木偶 Holzknackl

早在幾百年前，德國人就開始把胡桃鉗做成國王、士兵等人偶造型，是很有特色的當地紀念品。

傳統啤酒杯

從前德國的啤酒杯是由粗陶燒成，杯口有用白鑞製成的蓋子。現在的德國人已很少再用這種杯子喝酒，但仍可當作裝飾品。

史泰福泰迪熊 Steiff

在德國各大紀念品店或百貨公司，都能看到史泰福泰迪熊商品，有許多是其他地方找不到的限量版。

柏林熊 Berlin Bear

色彩鮮豔、造型多變的柏林熊，是柏林街景的重要成份，每尊柏林熊都充滿創意精神與藝術性。

號誌人產品 Ampelmann

這位前東德行人號誌燈中戴著寬邊禮帽的小人，不但沒有隨著德國統一而消失，反而作為一種流行元素保留下來，甚至還衍生出遍布德東的商品文化。

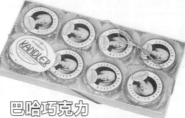

巴哈巧克力 Leipziger Bachtaler

萊比錫的Kandler糕餅餐廳於上個世紀末推出了巴哈巧克力，並不負眾望成為萊比錫特產之一。巴哈巧克力是以巧克力皮包裹牛軋糖、甘納許奶油，並混合奶油淇淋與萊比錫人最自豪的咖啡在內，份量厚實，但熱量也不容小覷。

維生素發泡錠 Brausetabletten

德國發泡錠種類繁多，諸如維他命C、綜合維他命、鈣、鎂、鋅等，而且價格比在臺灣購買便宜許多。

白葡萄酒 White Wine

德國是重要的葡萄酒產地，尤其是白酒，在全世界享有極高的評價。環遊萊茵河沿岸、摩塞爾河(Mosel)流域、巴登巴登、符茲堡等地，別忘了品嘗一下當地的美酒，喜歡再買回和朋友共享。

海德堡之吻 Heidelberger Studentenkuß

這是一種外面包著夾心酥的巧克力，是20世紀初海德堡女學生傳遞情意的禮物，深具特色。

古龍水 Eau de Cologne

古龍水的名字即是來自科隆這座城市，雖然一般認為古龍水好像就是男性香水，其實不然，古龍水指的是淡香水，女性一樣可以使用，就看你喜不喜歡這有點偏中性的香味了。

亞琛香料餅 Printen

在亞琛，幾乎到處都看得到在賣香料餅的店家，吃起來其實就是薑餅，很甜、大量加入巧克力，有薑、肉桂等多種香料的香氣。眾多品牌之中，又以創立於1858年的Nobis最具知名度，在大教堂附近就可以找到分店。

花草茶或水果茶

德國百年歷史的茶，除了紅茶、綠茶外，更有眾多花草茶及水果茶。

出發！
航向慕尼黑的偉大航道

從空中進入慕尼黑

　　慕尼黑國際機場(MUC)位於市區東北方28.5公里處，是德國最重要的門戶之一，目前台灣有長榮航空直飛慕尼黑的航班。

🌐www.munich-airport.de

慕尼黑國際機場至市區交通

◎S-Bahn

　　在機場內可找到通往S-Bahn車站的入口。S1和S8都以慕尼黑機場作為終點站，平均每10分鐘就有一班，S1經由西邊，S8經由東邊，最後都會抵達市中心的中央車站、卡爾廣場、瑪麗恩廣場等地，車程大約40分鐘。

🚌成人單程€13.6、兒童單程€1.8。若是早班機抵達，或當日還會再次搭乘大眾交通工具，可購買一日票，單人€15.5、團體(最多5人)€29.1，效期至隔日06:00。

◎機場巴士

在1航廈A區與D區出口、2航廈及中央的MAC區，可找到德國漢莎航空機場巴士(Lufthansa Airport Bus)的站牌，6:30~22:30，每20分鐘發車一班，到慕尼黑中央車站約45分鐘。

🚌成人單程€13、來回€20.5、兒童單程€7、來回€14。

🌐www.airportbus-muenchen.de

◎計程車

機場1航廈計程車站位於Level 4的A~E區出口前；2航廈計程車站位於Level 3、4北側的車道旁；中央MAC區的計程車站位於Level 3北側。從機場搭計程車到慕尼黑市中心約€80~110。

◎租車

在1航廈和2航廈之間的MAC區Level 3，可找到租車公司櫃檯。

從地面進入慕尼黑
鐵路

慕尼黑中央車站(München Hbf)是德國南部重要的交通樞紐，位於市中心西側，十分方便。從柏林中央車站，每小時有ICE直達慕尼黑，車程約4~4.5小時。從法蘭克福中央車站，可搭乘EC或ICE直達，或是經由紐倫堡、斯圖加特、曼罕、阿沙芬堡(Aschaffenburg)等地轉車，車程約3.5~4小時。

📍Bayerstraße 10a, 80335 München

🌐www.bahnhof.de/muenchen-hbf

🔊 **可使用巴伐利亞邦票進出慕尼黑**

在巴伐利亞邦境內一日遊，可使用巴伐利亞邦票(Bayern-Ticket)，可乘坐各種區域性火車(不能搭乘TGV、ICE、IC、EC)，以及邦內各城市的大眾運輸系統，使用效期為週一至週五9:00~隔日3:00、週末24:00~隔日3:00，購票時可指定頭等車廂或二等車廂，以及使用的日期，因此可提早購買。

巴伐利亞邦票最多可5人共用，頭等車廂單人票價€41.5，每增一人加付€22；二等車廂單人票價€29，每增一人加付€10。

另有一種夜間使用的邦票(Bayern-Ticket Nacht)，最多可5人共用，效期為週日至週四18:00~隔日6:00、週五、六18:00~隔日7:00，頭等車廂單人票價€38.5，每增一人加付€18；二等車廂單人票價€27，每增一人加付€7。

長途巴士

慕尼黑長途巴士站(ZOB)位於S-Bahn的Hackerbrücke站旁，有多家長途客運的巴士在此進出。

📍Arnulfstraße 21

🌐www.muenchen-zob.de

慕尼黑行前教育懶人包

關於慕尼黑的住宿

瑪麗恩廣場、國王廣場和Theresienwiese是市中心的三大觀光區,離中央車站的距離都不遠,因此,投宿在中央車站附近會是不錯的選擇。住宿在瑪麗恩廣場周圍也是很好的選擇,非常方便,適合愛逛街、購物的遊客,逛累了,提著大包小包馬上就可以回到客房了,但這一帶以酒店居多,價格較高。

 想狂歡啤酒節請提早訂房

9月底至10月初的啤酒節會吸引來自全世界成千上萬的遊客,除了房價會飆高,也可能訂不到理想的住宿,所以,想參加啤酒節越早訂房越安全。

如果已經打算不醉不歸的人,住宿位置越靠近啤酒節的會場Theresienwiese越好,每年都有不少醉客回不了住宿處,在國外神智不清醒露宿街頭是很危險的,不如選住在離會場近一點的地方。

觀光優惠票券好用嗎？
慕尼黑城市旅遊卡CityTourCard

CityTourCard為MVV所發行，因此，主要的用途是用來搭乘大眾運輸工具，而在參觀部分景點與參加觀光行程時也能享有折扣優惠。

卡片可在CityTourCard官網與S-Bahn、U-Bahn的自動售票機購買，使用前必須先去戳印機打上日期(官網購買者除外)。卡片分為單人與團體兩種，團體卡最多可5名成人共用，而2名6~14歲的孩童可算作1位成人。

若是以小時為單位的旅遊卡，效期為自打印起24小時或48小時，若是以日為單位，效期至到期日隔日凌晨06:00。

🕸 www.citytourcard-muenchen.com

到底要不要購買城市旅遊卡？
除了瑪麗恩廣場和國王廣場，慕尼黑還有許多景點值得參觀，有些還在不同方向，如寧芬堡宮、BMW博物館等，如果不是打算短暫停留慕尼黑的人，不妨買張城市旅遊卡，可以省下不少錢。

慕尼黑的遊客中心

◎中央車站遊客中心
📍 **Bahnhofsplatz 1**
◎瑪麗恩廣場遊客中心
📍 **Marienplatz 2(新市政廳內)**
◎慕尼黑旅遊局
☎ (0)89 2339-6500
🕸 www.muenchen.travel

CityTourCard價格

	24小時	48小時	3日	4日	5日	6日
成人Zone M	€17.5	€25.5	€29.5	€34.5	€40.5	€46.5
團體Zone M	€28.9	€42.9	€47.9	€60.9	€70.9	€80.9

一定不能錯過慕尼黑啤酒節！

慕尼黑啤酒節緣起於1810年10月，巴伐利亞王國的王儲路德維一世(Ludwig I)迎娶來自薩克森家族的特雷莎公主(Prinzessin Therese von Sachsen-Hildburghausen)，婚宴就在草坪上慶祝，全城大口喝酒、大口吃肉，而這場狂歡盛會久而久之形成每年9月底至10月初舉辦的啤酒節慶典。

啤酒節的場地位於市中心西南的Theresienwiese，廣大的空地上會架設起大型及小型帳篷，慕尼黑城內有名的啤酒屋都會進駐帳篷裡。帳篷內除了供應啤酒和美食，也會有樂團演出，通常白天表演巴伐利亞傳統音樂，等到了晚上才輪到流行音樂樂團上場。

除此，會場還會有各式各樣的遊樂設施，讓此處變成一座熱鬧滾滾、尖叫聲此起彼落的遊樂園，不親眼見識一下，還真不知道什麼叫大開眼界。

🚇 搭U4、U5到Theresienwiese站就可抵達。

Did YOU KnoW

熱門時段恐怕難以入場喔！

由於人潮眾多，啤酒帳篷在人滿為患時關上大門，因此，想在熱門時段進入帳篷同歡，最好向各帳篷事先訂位，否則就要早點入場。如果實在擠不進去，就在帳篷外的啤酒園找位子，雖然看不到舞台上的表演，卻依然能享受從帳篷中流瀉出的音樂。

慕尼黑的城市象徵為何是獅子？

數百年來，雖說德國巴伐利亞的統治者，是由威特斯巴赫(Wittelsbach)王朝所統管，然而推究慕尼黑更早的建城史實，最重要的推手是公爵獅子亨利(Heinrich, der Löwe)為搶貿易與鹽礦收稅商機，率先建橋鋪路形成新城鎮，因此，獅子亨利被視為慕尼黑的建城者，獅子也就成了慕尼黑其中一個象徵。

其他旅遊相關資訊

氣候

屬溫帶大陸性溼潤氣候，冬季寒冷，夏季不熱，但日夜溫差較大。迎風坡常有突發性的暴雨，山背處也偶有焚風出現。1月均溫約零下2.2℃，7月均溫17.3℃，年降雨量600~1,400mm。

若不幸發生緊急事故

◎緊急連絡電話

警察局：110或112

◎駐德國台北代表處慕尼黑辦事處：

⌂Leopoldstraße 28a/V, 80802 München

☎+49-89 512-6790

急難救助行動電話：+49-174-632-6739

🌐www.roc-taiwan.org/demuc

慕尼黑地區節慶日曆

日期	節慶	備註
1月1日	元旦(Neujahr)	國定假日
1月6日	三皇朝聖(Heilige Drei Könige)	記念東方三聖人，僅巴登符騰堡邦、巴伐利亞、薩克森安哈爾特三個邦放假
復活節前的週五	受難節(Karfreitag)	國定假日
復活節後的週一	復活節後週一(Ostermontag)	國定假日
5月1日	國際勞動節(Tag der Arbeit)	國定假日
從復活節算起第40天	耶穌升天節(Christi Himmelfahrt)	國定假日
耶穌升天節後第10天	聖靈降臨節(Pfingstmontag)	國定假日
6月	聖體節(Fronleichnam)	天主聖三節後的星期四，通常在6月，巴登符騰堡邦、巴伐利亞邦、埃森邦、北威邦、萊茵普法爾茨邦、薩爾邦共6個邦放假。
8月15日	聖母昇天日(Mariä Himmelfahrt)	僅薩爾、巴伐利亞兩邦放假
9月底~10月初	慕尼黑啤酒節(Oktoberfest)	全世界規模最大的啤酒節，每年吸引上百萬遊客，是慕尼黑觀光的金字招牌。
10月3日	國慶日(Tag der Deutschen Einheit)	國定假日
12月24日	平安夜(Heiligabend)	中午起百貨、超市、餐廳、公司行號等陸續關門放假。
12月25至26日	聖誕節	國定假日

慕尼黑市區交通

大眾運輸工具

　　慕尼黑市區的大眾交通是由慕尼黑交通公司(MVG)與慕尼黑交通協會(MVV)共同營運。

慕尼黑交通公司 MVG ⓤ **www.mvg.de**

慕尼黑交通協會 MVV ⓤ **www.mvv-muenchen.de**

市區通勤火車S-Bahn

　　S-Bahn共有8條路線，除了S20外，其他都行經市中心。事實上，這7條路線在Ostbahnhof到Laim的10站之間(包括瑪麗恩廣場、卡爾廣場與中央車站等站)，路線是完全重疊的。

地鐵U-Bahn

　　慕尼黑地鐵也有8條路線，到BMW博物館、奧林匹克公園、英式花園等景點都會搭乘到。

路面電車 Tram

　　路面電車共13條路線，以卡爾廣場一帶為中心樞紐。若要去寧芬宮、國王廣場博物館區、德意志博物館，搭乘電車是最方便的方式。

公車 Bus

　　慕尼黑公車系統也很健全，但由於城區景點集中，郊區地鐵和鐵路發達，遊客幾乎沒有搭乘公車的機會。

深夜交通 Nachtlinien

　　凌晨仍有部分電車與公車為了夜貓子們而工作著，電車路線經過合併或延伸，共有N17、N19、N20、N27四條，公車則有N40、N41、N43~N45、N72、N74、N272等路線(週末增加N71、N75~N81)。

單程票 Einzelfahrt

雖名為單程，但其實可在限定時間內分次搭乘或轉乘不同路線，唯在路線上不得重複搭乘或折返回原出發地方向。單程票的票價分為12個區段，不過，一般遊客只會在Zone M (市中心)內移動。

💲Zone M車資為€3.9，6~14歲兒童不分區段皆為€1.8。

回數票 Streifenkarte

回數票是張長條型的車票，上面有10格票格，每個票格都等於一張車票，可供多人使用。車票效期與搭乘模式都和單程票一樣，但比一張張購買單程票便宜。回數票區段也和單程票一樣分為12個區段，同樣的，一般遊客只會在Zone M (市中心)內移動。使用方式為：21歲以上成人及15~20歲在Zone M打票2格；6~14歲兒童，不論搭乘多遠都只要打票1格。

對短暫停留的觀光客來說，回數票使用格數難以控制，離開慕尼黑時沒用完也是浪費。再者，如果一天之內搭乘頻繁，其實購買一日票還是比較划算。

💲成人€17、15~20歲€9.3

一日票 Tageskarte

一日票效期至打印日期的隔日清晨6:00，可在效期內無限次數搭乘大眾運輸工具。一日票價格也是依搭乘區段範圍而定，團體票最多可5名成人共用，而2名6~14歲的兒童可算作1位成人，兒童票使用範圍不限於市區，全區段皆可使用。

💲Zone M成人€9.2，團體票€17.8，6~14歲兒童€3.6

票種和票價

公共交通皆使用相同的車票機制，在S-Bahn和U-Bahn的車站都有自動售票機，在售票機購買的車票，使用前要先去戳印機打上啟用時間，不然被查票員查到，一樣要繳納罰款。Tram的售票機在車廂裡，公車票則可直接向司機購買，用這兩種方式購票的話，車票上已印有時間，故不需再去打印。

短程票 Kurzstrecke

適用於路面電車或公車4站之內的乘坐距離，若是搭乘或轉乘S-Bahn與U-Bahn，則最多2站。效期為打印起1小時。

💲€1.9

優惠票券
慕尼黑卡 Munich Card

　　持有Munich Card可在一百多處景點、博物館、觀光行程，獲得至多7折的折扣，在特定購物商店與餐廳，也能享有額外優惠。除了單人卡外，也有最多可5人共用的團體卡。

　　卡片效期至到期日隔日凌晨06:00，唯一例外是24小時卡，效期至啟用時間24小時後。Munich Card包含免費搭乘市區大眾運輸，但若本身已有交通票券，也可購買不含交通在內的卡種。

◎Munich Card價格

	24小時	2日	3日	4日	5日
成人Zone M	€18.9	€24.9	€34.9	€38.9	€45.9
成人不含交通	€5.9	€6.9	€7.9	€8.9	€9.9
團體Zone M	€39.9	€52.9	€73.9	€81.9	€96.9
團體不含交通	€10.9	€12.9	€14.9	€16.9	€18.9
6~14歲全域	€8.9	€12.9	€15.9	€18.9	€21.9
兒童不含交通	€2.9	€3.9	€4.9	€5.9	€6.9

慕尼黑城市通行券 Munich City Pass

　　持有Munich City Pass可免費參觀45處熱門景點、博物館與觀光行程，以及免費搭乘市區大眾運輸，在特定購物商店與餐廳也能享有額外優惠，而在部份景點更有免排隊的優先入場便利。卡片效期至到期日隔日凌晨06:00，和Munich Card一樣，也有不含交通在內的卡種。

◎Munich City Pass價格：

	1日	2日	3日	4日	5日
成人Zone M	€54.9	€76.9	€89.9	€99.9	€109.9
成人不含交通	€39.9	€56.9	€68.9	€71.9	€74.9
15~17歲Zone M	€39.9	€54.9	€64.9	€74.9	€79.9
青年不含交通	€29.9	€46.9	€58.9	€61.9	€64.9
6~14歲全域	€24.9	€34.9	€44.9	€49.9	€54.9
兒童不含交通	€19.9	€26.9	€29.9	€32.9	€34.9

觀光型交通工具
隨上隨下觀光巴士 Hop-On Hop-Off
◎ City Sightseeing

　　這家隨上隨下觀光巴士共有3條路線：市區路線經過瑪麗恩廣場、大市集、歌劇院(靠近王宮)，寧芬宮-奧林匹克公園路線經過寧芬宮和奧林匹克公園，施瓦賓(Schwabing)路線經過美術館區和英式花園。3條路線都是從中央車站前出發，車票可直接向司機購買，或在網路上購買列印。

🕐 4~9月市區路線10:00~17:00；寧芬宮-奧林匹克公園路線10:00~17:00；施瓦賓線10:30~16:30。10~3月市區路線10:00~16:30；寧芬宮-奧林匹克公園路線10:00~16:00；施瓦賓線10:30~16:30。班次資訊請見官網。

💲 市區路線€25，全路線24小時€29，全路線48小時€34€；5~15歲一律€16。官網購票享9折優惠。

🔗 www.citysightseeing-munich.com

◎ Gray Line

　　這家隨上隨下觀光巴士有2條路線：小圈經過Odeonsplatz、Icewave、Max-Joseph-Platz、德意志博物館、瑪麗恩廣場、卡爾廣場，大圈除了包含小圈的路線外，還會經過寧芬宮、BMW博物館、奧林匹克公園和英式花園。

🕐 小圈4~10月10:00~17:00，11~3月10:00~16:30，每30分鐘一班，大圈4~10月10:00~16:00，11~3月10:00~15:00，每1小時一班。

💲 小圈成人€24；大圈一日票成人€29，大圈二日票成人€35。

🔗 www.grayline.com/tours/munich-24-hour-hop-on-hop-off-tour/

賽格威Segway Classic Tour
🕐 9:00、10:00、14:00、15:00、19:00、20:00出發，行程3小時。

💲 每人€85

🔗 www.seg-tour.de/en/munich

市區散步City Walk
◎ New Europe的Free Tour

🏳 在瑪麗恩廣場集合出發

🕐 10:45出發，行程2.5小時，須事先上網預約。

💲 免費

🔗 www.neweuropetours.eu

◎ Radius Tours的Munich Wakling Tour

🕐 10:15出發(1~3月僅週末出團)，行程2.5小時。

💲 成人€20、優待票€12~18

🔗 www.radiustours.com

◎ Munich Walk Tours的Beer and Brewery Tour

🏳 在瑪麗恩廣場遊客中心前集合出發

🕐 10月中~2月的週五、六16:25、3~5月的週五、六17:25、6~9月中的週四至週六17:25。行程3~3.5小時。

💲 成人€43，26歲以下與67歲以上€41

🔗 www.munichwalktours.de

❗ 參加年齡須13歲以上，並須支付導遊小費。

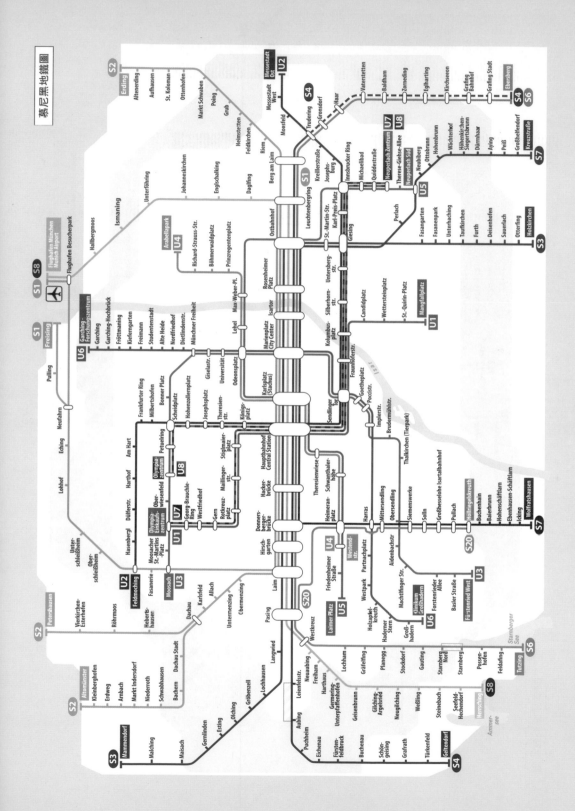

16 37 St. Emmeram
Fritz-Meyer-Weg
Regina-Ullmann-Str.
Taimerhofstr.
Prinz-Eugen-Park
Schlösselgarten
Cosimabad
Arabellapark / Klinikum Bogenhausen
16 Effnerplatz
Alabeliastr.
Herkomerplatz
Bundesfinanzhof
Sternwartstr.
Holbeinstr.
Friedensengel / Villa Stuck
Mauerkircherstr.

19 Berg am Laim Bf.
Friedenburger Str.
Vogelweideplatz
Grillparzerstr.
Einsteinstr.
Max-Weber-Platz
Flurstr.
Wörthstr.
Haidenauplatz
Ostbahnhof
Rosenheimer Platz
Regerplatz
St.-Martins-Platz

21 St.-Veit-Straße
Kreillerstr.
Mutschellestr.
Baumkirchner Str.
Schlüsselbergstr.
Ampfingstr.
Haidenauplatz

Schwanseestraße 18
Werinherstr.
Giesing Bf.
Chiemgaustr.
Silberhornstr.
Tegernseer Landstr.
Wettersteinplatz
Kurzstr.
Südtiroler Str.
Tiroler Platz
Authariplatz

23 Schwabing Nord
Domagkstr.
Anni-Albers-Str.
Am Münchner Tor
Schwabinger Tor
Parzivalplatz
Potsdamer Str.
23 Münchner Freiheit
Tivolistr.
Paradiesstr.
Nationalmuseum / Haus der Kunst
Lehel
Maxmonument Maximilianeum
25 37
Kammer- spiele
Nationaltheater

28 12 Scheidplatz
Karl-Theodor-Str.
Clemensstr.
Hchen- zollernplatz
Kurfürstenplatz
Elisabethplatz
Nordendstr.
Schellingstr.
Pinakotheken
Karolinenplatz
Ottostr.
Theatinerstr.
Lenbachplatz
Odeonsplatz
Marstall
Marstplatz
Isartor
Reichenbachplatz
Müllerstr.
Fraunhoferstr.
Eduard-Schmid-Str.
Mariahilfplatz
Ostfriedhof

27 Fetuelring
Gartenstr.
Ackermannstr.
Herzogstr.
Earbarastr.
Infante- riestr.
Nordbad
Sandstr.
Stiglmaierplatz
Karlstr.
Hauptbf. Nord
Hauptbahnhof

28 Hochschule München
29

20 Moosach Bf.
Pelkovenstr.
Wintrichring
Hugo-Troendle-Str.
Hanauer Str.
21 Westfriedhof
Borstei
Olympiapark West
Stadtwerke München
Leonrodplatz
Heideckstraße
Fasaneriestr.
Neuhausen
Hubertusstr.
Renatastr.
Briefzentrum
Burghausener Str.
Donnersbergerstr.
Maxvorst.
Hackerbrücke
De Voystr.
Hopfenstr.
Volkartstr.
Rotkreuzplatz
Albrechtstr.

20 Amalienburgstraße
Botanischer Garten
Maria-Ward-Str.
Dall'Armistr.
Schloss Nymphenburg
12 16 Romanplatz
Kriemhildenstr.
Steubenplatz
17

29 Willibaldplatz
Agnes-Bernauer-Platz
Fürstenrieder Str.
Lohensteinstr.
Wesstbad
Am Knie
Ofenbachstr.
Rathaus Pasing

19 Pasing Bf.

Lautensackstr.
Agnes-Bernauer-Str.
Am Loh- schuppen
Barthstr.
Trappentreustr.
Schrenkstr.
Holzapfelstr.
Hermann-Lingg-Str.
Holzkirchner Bf.
Hauptbahnhof Süd
17 28 27
20
Karlsplatz (Stachus)
Sendlinger Tor

18 Gondrellplatz
Senftenauerstr.
Ammerseestr.
Siglstr.
Hans-Thonauer-Str.
Westendstr.
Fachnerstr.
Säulingstr.
Stegener Wag
25 Grünwald Deboslinger platz
Ludwig-Thoma-Str.
Robert-Koch-Str.
Parkplatz
Ravensblůmplatz
Schildkrweg
Klinikum Harlaching
Menterschwaige
Großhesseloher Brücke
Theodolindenplatz

036

可以很嗨也可以很文青,巴伐利亞的掌上明珠等你來探索。

慕尼黑
München

「慕尼黑是德國藝術的首都,我在這裡得到了庇護,重拾了純真和熱情!」
～理查・華格納(Richard Wagner)

巴伐利亞(Bayern)的首府慕尼黑,是德國第三大城,也是世界上生活水準最高的地區之一。慕尼黑歷史悠久,建城於1158年,路德維希一世在位時(1825~1848年)替慕尼黑留下了許多知名的建設,例如雕刻博物館、王宮等,記錄了巴伐利亞王國的盛世。

第二次世界大戰後,經過積極的重建,這座美麗的城市如今成了迷人的大都會。馳名世界的BMW總廠就設在慕尼黑,而BMW商標上藍白相間的菱格,正是巴伐利亞邦的邦旗配色。至於聞名天下的慕尼黑啤酒啤酒節,更是每位旅客來訪時不能錯過的。

● 慕尼黑
　München

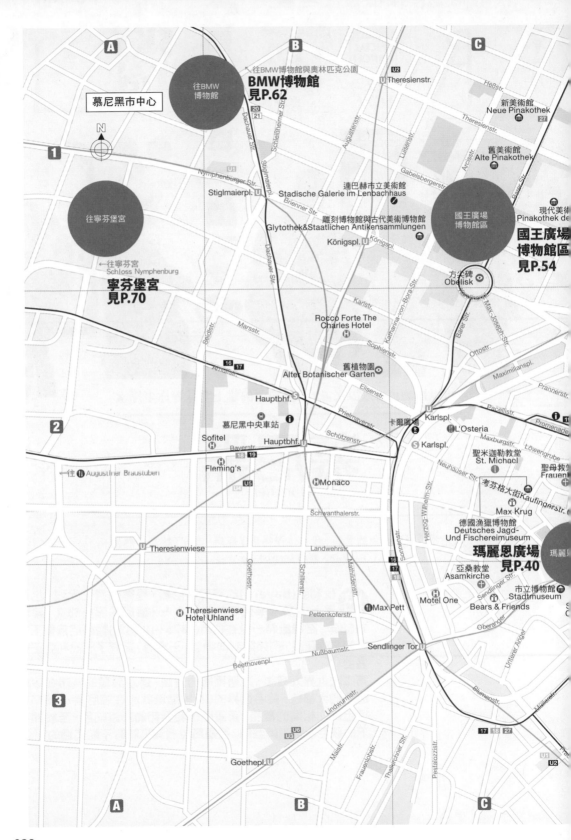

慕尼黑市中心

往BMW博物館與奧林匹克公園
BMW博物館
見P.62

往BMW
博物館

新美術館
Neue Pinakothek
27

Theresienstr.

U2
U Theresienstr.
Heßstr.

Schleißheimer Str.

Dachauer Str.

Stiglmaierpl.

Augustenstr.

Luisenstr.

Gabelsbergerstr.

Arcisstr.

舊美術館
Alte Pinakothek

20
21

Nymphenburger Str.

U1

Stiglmaierpl.

連巴赫市立美術館
Stadische Galerie im Lenbachhaus

Brienner Str.

Brienner Str.

雕刻博物館與古代美術博物館
Glytothek&Staatlichen Antikensammlungen

Königspl. Königspl.

國王廣場
博物館區

現代美術
Pinakothek de

國王廣場
博物館區
見P.54

往寧芬堡宮

←往寧芬宮
Schloss Nymphenburg

寧芬堡宮
見P.70

Karlstr.

方尖碑
Obelisk

Katharina-von-Bora-Str.

Barer Str.

Ottostr.

Max-Joseph-Str.

Maximilianspl.

Prannerstr.

Rocco Forte The
Charles Hotel

Sophienstr.

Beidlstr.

Marsstr.

Dachauer Str.

16 17

Arnulfstr.

舊植物園
Alter Botanischer Garten

Elisenstr.

Hauptbhf.

Prielmayerstr.

Pacellistr.

Promenade

慕尼黑中央車站 i

Schützenstr.

卡爾廣場

Karlspl.

Karlspl.

L'Osteria

Maxburgstr.

Löwengrube

Sofitel

Hauptbhf. U

Bayerstr.

18 19

←往 Augustiner Brausstuben

Fleming's

U5

U4

Monaco

Schwanthalerstr.

Neuhauser Str.

聖米迦勒教堂
St. Michael

考芬格大街Kaufingerstr.

Max Krug

聖母教堂
Frauen

U Theresienwiese

Schillerstr.

Goethestr.

Landwehrstr.

Mathildenstr.

Herzog-Wilhelm-Str.

Sonnenstr.

德國漁獵博物館
Deutsches Jagd-
Und Fischereimuseum

瑪麗恩廣場
見P.40

瑪麗恩

亞桑教堂
Asamkirche

Sendlinger Str.

市立博物館
Stadtmuseum

Theresienwiese
Hotel Uhland

Pettenkoferstr.

Max Pett

Motel One

Bears & Friends

Oberanger

Unterer Anger

Sendlinger Tor

Nußbaumstr.

Beethovenpl.

Lindwurmstr.

Maistr.

Frauenlobstr.

Thalkirchner Str.

Pestalozzistr.

U6

U3

Goethepl. U

17 18 27

U1

U2

A B C

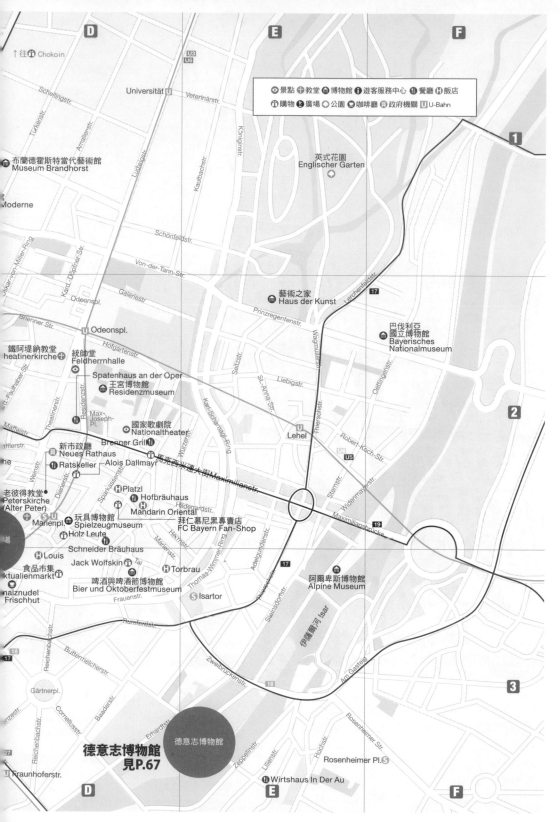

↑往ⓘ Chokoin

布蘭德霍斯特當代藝術館
Museum Brandhorst

Moderne

Universität U

藝術之家
Haus der Kunst

英式花園
Englischer Garten

景點 教堂 博物館 ⓘ遊客服務中心 餐廳 飯店
購物 廣場 公園 咖啡廳 政府機關 U U-Bahn

17

巴伐利亞
國立博物館
Bayerisches
Nationalmuseum

Odeonspl.

鐵阿堤納教堂
heatinerkirche

統帥堂
Feldherrnhalle

Spatenhaus an der Oper

王宮博物館
Residenzmuseum

Max-
Joseph-
Pl.

國家歌劇院
Nationaltheater

Lehel

新市政廳
Neues Rathaus

Brenner Grill

馬克西米連大街 Maximilianstr.

Ratskeller

Alois Dallmayr

老彼得教堂
Peterskirche
(Alter Peter)

Platzl

Hofbräuhaus

玩具博物館
Spielzeugmuseum

Mandarin Oriental

拜仁慕尼黑專賣店
FC Bayern Fan-Shop

Marienpl.

Holz Leute

Schneider Bräuhaus

19

Louis

Jack Wolfskin

Torbrau

食品市集
ktualienmarkt

啤酒與啤酒節博物館
Bier und Oktoberfestmuseum

nalznudel
Frischhut

Isartor

阿爾卑斯博物館
Alpine Museum

伊薩爾河 Isar

18

17

德意志博物館
見P.67

德意志博物館

Rosenheimer Pl.

Fraunhoferstr.

Wirtshaus In Der Au

逛街、參觀一次滿足，玩慕尼黑就從這裡開始～

王牌景點 ❶

> 瑪麗恩廣場位處慕尼黑中心地段，也是遊客旅遊慕尼黑的起點。

慕尼黑：瑪麗恩廣場

MAP
P.38
C2

瑪麗恩廣場
Marienplatz

　　慕尼黑以瑪麗恩廣場為中心，主要景點如老彼得教堂、王宮博物館、聖母教堂、食品市集、Hofbräuhaus啤酒屋等，都在徒步可達的範圍；此外，這裡也是市區交通樞紐，再加上周邊還有百貨公司、傳統紀念品店及眾多餐廳、啤酒屋等，遊客可在這一帶消磨一整天的時間。

❶Marienplatz 1

◎U-Bahn：搭乘U3、U6至Marineplatz站即達。
◎S-Bahn：搭乘S1-4、S6-8至Marineplatz站即達。

至少預留時間
只想隨興逛逛
1小時
參觀各個景點並逛街
3~5小時

造訪瑪麗恩廣場理由

1 旅遊慕尼黑都是從這裡開始玩的。

2 有遠近馳名的市政廳鐘樓表演

3 以此為中心,慕尼黑主要景點都近在咫尺。

4 周邊商圈規模龐大,超好逛!

瑪麗恩廣場的名字來自廣場中心的瑪麗恩圓柱,圓柱則是為了慶祝趕走瑞典人而建。

怎麼玩瑪麗恩廣場才聰明?

廣場噴泉

慕尼黑有很多噴泉,大部分都是**天然泉水,清涼又可以飲用**,天氣熱時可好好利用!

老彼得教堂看鐘樓表演

據說在**老彼得教堂的頂樓**,是看鐘樓表演的最佳據點,記得提前上去卡好位子。

週日易撲空

這裡很多商店週日不開門,造訪前請**確定營業時間**。

Rimowa行李箱

全世界最**便宜的Rimowa**據說在Lederwaren Hetzenecker GmbH,這家店在瑪麗恩廣場上有兩間門市,一家在伊薩爾門的附近,另一家在亞桑教堂的斜對面。德國官方定價是台灣的7折,而這家店價格是德國官方定價的9折,付現金再打9折,最後還可退稅,算下來價格可能還不到台灣的6折!(以上價格資訊僅供參考,實際價格時有變動,請仍以門市公告為準)。

041

市政廳鐘樓的表演在呈現一場精彩的婚禮，非常討喜！

天使與惡魔都藏在廣場裡，一起來找找吧！

瑪麗恩圓柱下有4座雕像，是4個天使分別在對抗象徵人間4大亂象的動物，這4種動物分別為獅子(代表戰爭)、蜥蜴(代表瘟疫)、龍(代表飢餓)和蛇(代表無信)。

有此一說～

要想做生意，得先來這裡清涼一下～

廣場上還有一座魚噴泉，聽說是慕尼黑歷史最悠久的噴泉。從前有個傳說，就是想要在市場開業的肉販，得要先跳到噴泉裡清涼一番，據說這項不成文的習俗，還一直延續到20世紀初。

直接穿著傳統服裝上街就是狂！

巴伐利亞的男女老少，每到傳統節慶(如啤酒節)，一定是穿著傳統服裝登場，男子們是穿著襯衫搭配皮背心，短皮褲配著長毛襪，再戴頂巴伐利亞傳統毛氈帽。而女子們，則是穿著傳統背心緊身澎裙Dirndl。Dirndl通常由四部分組成：短襯衣、襯裙、外裙和圍裙。講究的Dirndl價格不菲，也是每年啤酒節慶上的必備的重要服裝打扮了，所以在慕尼黑街上看到這樣的穿著不要意外喔！

代表昔日**榮光**的地標，
加上一場你不能錯過的**婚禮**～

MAP P.39 D2

新市政廳
Neues Rathaus

如何前往
在瑪麗恩廣場上

info
🏠Marienplatz 8 ☎
(0)49 892-3300 ⏰新
市政廳鐘樓表演
11:00、12:00(3~10月
增加17:00的場次)，市
政廳高塔10:00~20:00，
每20分鐘一梯。 🚫
1/1、1/6、告解星期二、5/1、11/1、12/25、12/26 💰
成人€6.5，7~18歲€2.5，可上旅遊局官網預約及購
票。 🌐 www.muenchen.travel/angebote/
buchen/turmauffahrt-neues-rathaus#/

每天定時演出的鐘樓表演
總是吸引大批遊客駐足觀
賞，除了精采、熱鬧之外，和
真人一樣大的木偶也是一大
看點。

廣場上的新市政廳，其主樓中央的鐘樓也
是聞名遐邇，每天11:00、12:00和17:00，都會
有精彩的機械壁鐘演出。造型花俏的人偶
在悠揚的樂音中上演慕尼黑的歷史場景，上
層展現侯爵威廉五世與羅特林根的芮娜塔
的婚禮，下層則是慕尼黑的傳統的桶匠舞蹈
(Schäfflertanz)，吸引眾多觀光客佇足欣賞。

新市政廳是宏偉的新哥德式建築，也
是慕尼黑的地標之一

鐘樓在演些什麼？

鐘樓的表演是由32
個真人大小的木偶
演出，演出的內容是
1558年威廉五世的
婚禮情景；人偶分成
上下兩排，隨著音樂
載歌載舞，唯妙唯肖的重現了當年婚禮的盛
況。全長約10分鐘。

Did YOU KnoW

要看桶匠舞，得等2026年了！

「Schäfflertanz」是桶匠舞的意思，平常除了
有機械鐘定時表演外，其實，每隔7年，在市政
廳廣場前也看得到真人演出。
相傳桶匠舞最初是在1517年出現於慕尼黑，當
時黑死病席捲了慕尼黑，讓整座城顯得死氣沈
沈，突然有些箍桶工匠出現街頭，在木桶上舞
蹈帶來生氣。不過真正成為傳統，是從1760年
開始，此後，每隔7年表演一次(唯2017年適逢
桶匠舞500年紀念，曾經破例表演)，所以下次
要再看到的時間，是在2026年。
特別一提的是，從前能夠上去跳舞的人，限定
為未婚的年輕男桶匠，但為了能延續傳統，從
1970年開始，對於年紀、職業的規定，就沒那
樣嚴苛了。看到這裡可能有不少女性，要大嘆
少了欣賞小鮮肉的機會了！

惡龍藏在新市政廳裡

走到新市政廳的西南角塔往上看，會發現一座惡龍
浮雕，雕塑描述當有人在跳著桶匠舞時，惡龍就會
趴在底下，不敢上來。有興趣的人，一起來找吧！

✝ 聖母教堂
Frauenkirche

MAP P.38 C2

如何前往
在瑪麗恩廣場東南角,步行約3分鐘可達。

info
📍Frauenplatz 1 ☎(0)89 290-0820 ⏱教堂
8:00~20:00 (週日8:30起),週一至週六11:30有教堂導覽,在教堂商店登記。登塔10:00~17:00 (週日11:30起),最後登塔時間為16:30。 💰教堂免費,登塔成人€7.5,7~16歲€5.5,可上旅遊局官網購票。 🌐www.muenchner-dom.de

這座被當地人暱稱為「Zu Unserer Lieben Frau」(獻給我們敬愛的女士)的教堂完工於15世紀末,其外型特別,整體風格屬於晚期哥德式,是慕尼黑具有象徵性的地標建築物。

裡面可見到前任教宗本篤十六世(Papst Benedikt XVI)的肖像。

聖母教堂至今已有五百多年歷史,是慕尼黑第二老的教堂。

慕尼黑:瑪麗恩廣場

高99公尺的雙塔是偏向東正教的洋蔥形狀,而不是傳統哥德式建築的尖塔。據說洋蔥型的雙塔是為了模仿啤酒杯的造型,身為啤酒之都的慕尼黑,當然得捨棄尖塔而就啤酒杯。

👆 **有此一說~**

聖母教堂參考了清真寺?!

耶路撒冷圓頂清真寺

除了模仿啤酒杯的造型,這個洋蔥雙塔的設計,也有一說是當初設計師Jörg von Halsbach在找尋靈感時,仿效耶路撒冷、屬於後拜占庭風格的圓頂清真寺(Dome of the Rock),所以才造就出特別的圓頂塔樓。

🔊 **今日我最高!**
要俯瞰美麗的慕尼黑,就上來吧!

由於慕尼黑市政府規定,市區內不能建造超過100公尺高的建築,因此在這座已達到規定上限的聖母教堂塔樓看風景,視野已經是屬一屬二的了,不僅可以俯瞰整個慕尼黑市,好天氣時,還能遠眺到阿爾卑斯山!至於其他也具有不錯視野的賞景處,還包括92公尺高的老彼德教堂和85公尺高的新市政廳。

玩具博物館
Spielzeugmuseum

MAP P.39 D2

如何前往
就在瑪麗恩廣場東南角，步行約2分鐘可達。

Info
- Marienplatz 15
- (0)89 294-001
- 10:00~17:30
- 成人€6、優待票€2。
- www.spielzeugmuseummuenchen.de

玩具博物館位於慕尼黑舊市政廳的塔樓裡，雖然只有4層樓的展間，但展出的玩具卻非常精彩。其實從玩具當中，可看出時代的喜好和風氣，早期玩具多半只是個形象簡單的人偶，後來發展出洋娃娃，五官也愈來愈精緻；隨著民族國家興起，娃娃屋排場甚至大有萬國博覽會氣象。

有此一說～

摸摸茱麗葉的胸部就會得到愛情？！

因為慕尼黑和茱麗葉的故鄉義大利維羅納(Verona)是姐妹市，所以維若納就將一尊茱麗葉的雕像送給慕尼黑，而目前這座雕像就放在玩具博物館所在地、舊市政廳旁廣場。
由於聽說只要摸摸茱麗葉右邊的胸部，就會得到愛情的祝福，看看它已經被摸得如此晶亮，就知道有多少人在渴望愛情了！

Did YOU KnoW

到底泰迪熊是哪裡人？

提到德國布娃娃，很容易聯想到「泰迪熊」，但其實泰迪熊之父應該是美國前總統老羅斯福(Theodore Roosevel)。
話說1903年俄羅斯裔的美國夫婦米德姆，做了兩隻絨布熊，原想取名為「羅斯福熊」，還因此寫信給老羅斯福總統，沒想到總統回信，建議以總統暱名「Teddy」為名，就此有了第一隻泰迪熊。後來德國玩具公司Steiff出產了「金耳釦泰迪熊」，開始供應全球並且聲名大噪，於是不少人就以為泰迪熊出自德國。

慕尼黑：瑪麗恩廣場

德國版的泰迪熊

中產階級興起，娃娃屋排場也愈加豪華。

19世紀末，動力技術一日千里，汽車、鐵道、飛機等模型開始出現。

戰爭時代，小士兵成市場主流，戰後太空競爭使科幻主義當道，機器人便流行了起來。

最精彩的還是芭比娃娃，從她們身上衣服可迅速反映出一個時代的潮流。

老彼得教堂
Peterskirche (Alter Peter)

MAP P.39 D2

教堂建築風格曾一再改變，目前內部裝飾為繁麗的巴洛克式風格，同時也可看到哥德式高聳的祭壇與廊柱。

如何前往

在瑪麗恩廣場附近，步行約2分鐘可達。

info

🚇Petersplatz 1

🕐教堂7:30~19:00；高塔9:00~19:30
(11~3月的平日至18:30)，關門前30分鐘
停止登塔。

💲成人€5，學生及65歲以上€3，6~18歲
€2

🌐alterpeter.de/

　　俯瞰瑪麗恩廣場最好角度，就在老彼得教堂鐘樓上。人們稱呼這座教堂時，總喜歡在前面加一個「老」字，原因就在於它是一棟年代久遠的建築，事實上，始建於11世紀的老彼得正是全慕尼黑最古老的教堂。要登上92公尺高的塔頂得沿著一圈圈非常神奇的木梯拾級而上，木梯一段段越搭越高、直到登上塔頂。在享受最遠可眺望阿爾卑斯山好風景前，請先準備好爬上約300階樓梯。

有此一說～

隱藏的「死刑之鐘」，就在鐘塔裡

在教堂的鐘塔地下室裡，放置一座最小而古老的鐘，據說從前每當鐘響時，意味著瑪麗恩廣場要執行死刑了。

刀工藝
精選的木製刀把配上德國頂尖的製

Holz Leute

MAP P.39 D2

如何前往

從瑪麗恩廣場往東，過了舊市政廳塔樓右轉，即可看到。

🚇Viktualienmarkt 2

info

📞(0)89 268-248

🕐10:00~19:00(週六至18:00)

🚫週日

🌐www.holz-leute.de

　　Holz Leute的店名直譯起來，就是「木頭人」的意思。這家開業自1873年的百年老店，專賣木製用品，其商品嚴選自德南各大木工作坊，無論質地、外觀都具有質感。這裡1樓賣的是廚具、餐具、刀具、家庭用品與居家擺設等實用性木製品，地下室則販賣撞球杆、西洋棋盤、木雕玩具、胡桃鉗木偶等娛樂性用品。

遊走商業區和舊城之間，這裡讓你新舊交融、無縫接軌～

王宮博物館與寶物館
Residenzmuseum und Schatzkammer

MAP P.39 D2

奢華的長廊，展出歷代巴伐利亞國王的肖像。

如何前往
從瑪麗恩廣場搭乘U3、6至odeonsplatz站，出站後沿王宮花園外圍向東南方步行即可抵達。

info
🏠 Residenzstraße 1　☎ (0)89 290-671
⏰ 4月~10月中9:00~18:00、10月中~3月10:00~17:00(售票至閉館前1小時)。
💰 成人€10、優待票€9，博物館及寶物館聯票成人€15、優待票€13。
🔗 www.residenz-muenchen.de

有此一說～

音樂神童也來表演

莫札特

在這座全德國最大的宮殿裡，也設有一座劇院，據說音樂神童莫札特曾經在此表演過。

王宮博物館原是巴伐利亞國王的宮殿，雖在二次大戰毀於戰火，卻又在戰後迅速地依其原貌重建。

宮殿內的部分房間另闢為寶物館，展示歷代王室的用品與收藏，除了王冠、寶石、繪畫等藝術珍品外，還有數十套整體造型的華貴餐具。

也許你會納悶，既然宮殿建築在戰時被炸得體無完膚，為什麼殿內藏品仍完好無缺？原來在戰爭期間，德國人早已做好準備，把許多珍貴文物遷往安全地方，使其免於戰火破壞。

慕尼黑：瑪麗恩廣場

混合了新古典主義和洛可可兩種風格的內部裝潢，金碧堂皇讓人聯想起凡爾賽宮。

這裡是慕尼黑最古老的食品市集，原來是農人採購農貨之地。

食品市集
Viktualienmarkt

MAP P.39 D3

如何前往
◎從瑪麗恩廣場往東走，穿過舊市政廳塔樓後右轉即達。

info
⏱約10:00~20:00(每家店營業時間不同)
🚫週日

食品市集有來自巴伐利亞及世界各地的農產品，魚類、奶酪、水果、蜂蜜等應有盡有。你可到肉鋪、香腸店、起士店等商店逛逛，見識一下傳統的德南食物。此外，在這裡也可找到慕尼黑最典型的甜點——巧克力蛋糕(Prinzregententorte)，這種甜點總共有7層，最外面那層是巧克力。

各式各樣的肉品選擇非常豐富。

慕尼黑::瑪麗恩廣場

7公尺高的穹頂雙塔，與洛可可式的正立面雕飾，是日後加建的結果。

鐵阿堤納教堂
Theatinerkirche

MAP P.39 D2

如何前往
從瑪麗恩廣場搭乘U3-6至Odeonsplatz 站即達
📍Salvatorplatz 2a ☎(49) 89 210-6960
🌐www.theatinerkirche.de

和寧芬宮一樣，鐵阿堤納教堂也是巴伐利亞選帝侯為了慶祝兒子誕生而興建的建築之一。當時他從義大利請來建築師，並以羅馬的聖安德勒聖殿(Sant'Andrea della Valle)為藍本，於1690年建成了這座義大利巴洛克式的教堂。

教堂對面是由路德維希一世下令建造的統帥堂(Feldherrnhalle)。

內部富麗堂皇又潔白明亮的灰泥裝飾，堪稱南德巴洛克式的經典。

1923年的「啤酒館事件」就是在統帥堂發生，當時希特勒企圖以暴動奪取政權，失敗入獄後，才決定以正當選舉方式達到目的。

統帥堂廊內的銅像是曾率巴伐利亞軍參與三十年戰爭與拿破崙戰役的將領，後來又加進普法戰爭統帥的雕像群。

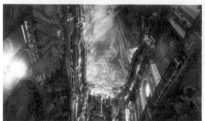

亞桑教堂正式名稱為聖若翰那波穆克(St. Johann Nepomuk)，這指得是波西米亞聖徒聖若翰那波穆克。

有關聖若翰那波穆克的事跡就被描繪在教堂裡

這家店是在德國選購伴手禮時最具代表性的食品館

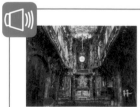

✝ MAP P.38 C3 　亞桑教堂 Asamkirche

如何前往
從瑪麗恩廣場沿Rosenstr.與Sendlinger Str.往西南行，約500公尺即達。

info
⊕Sendlingerstr. 32　⏰4月~10月9:00~19:00（週五13:00起），9月~3月9:00~18:00（週五13:00起）

　這座教堂因為是由亞桑兄弟(Egid Quirin Asam和Cosmas Damian Asam)所建造，所以一般人稱之亞桑教堂。亞桑兄弟是18世紀著名的宮廷畫家與建築師，他們在1733年興建這座教堂，到了1746年竣工，最初是想當作家族私人教堂，但因居民反對才被迫開放。

🔊 想知道什麼是洛可可(Rococo)，這間教堂做了最好的示範，從祭壇到天花板，從廊柱到牆壁，幾乎找不到一處空白；其雕飾之繁複、鏤空之精巧，讓整個內部空間立體而變化多端，為洛可可時代的一大傑作。

🎁 MAP P.39 D2 　Alois Dallmayr

如何前往
從瑪麗恩廣場沿Dienerstr.北行約150公尺即達

info
⊕Dienerstr. 14-15　☎(0)89 213-5104
🌐www.dallmayr.de
⏰9:30~19:00
🚫週日

　慕尼黑生活水準之高令人無可挑剔，而Alois Dallmayr美食館裡更是可滿足每張挑剔的嘴。咖啡、紅茶、雪茄、菸酒、起司、火腿、巧克力，每樣皆送禮自用兩相宜。還有琳瑯滿目的熟食區，沙拉、麵包與火腿都不可錯過。來此購物，除了買東西，還可靠近德國人的上等生活。

慕尼黑・瑪麗恩廣場

MAP P.38 C2

考芬格大街
Kaufinger Str

如何前往
瑪麗恩廣場西側的徒步大街即是

考芬格大街連同西端的Neuhauser Str. 總長約650公尺，連結老城區內最重要的兩大交通樞紐——瑪麗恩廣場與卡爾廣場(Karlplatz)，是城內最繁華的購物大道，尤其在1970年代改為行人徒步街後更是如此。

 也是重要的貿易之道

聽說中古世紀從奧地利薩爾斯堡到瑞士的貿易通道，也會通過考芬格街，人們藉由這條路，運送生活用品與調味料等，因此也被稱為「鹽街」。

Did YOU KnoW

要聽得懂慕尼黑人的抱怨啊！

大街上多的是百貨公司、商店、餐廳和啤酒園，使得這條街上總是人潮洶湧。

根據統計，週六每小時行經考芬格大街的人流大概有**14,000**人，平時則約**10,000**，因此每當慕尼黑人抱怨人潮太多時，就會不自覺地說：「就如同考芬格大街似的。」

大街兩旁多為英國新哥德式建築，仿若是一件件巨大藝術品相連，買不起著名商品，帶著欣賞藝術的心情來也不錯。

整條街連同西端的Pe*usastr.，都已被高級精品名店佔據，像是LV、Chanel、Versace、Prada等，都在這裡開店，堪稱全城最貴氣街道。

MAP P.39 D2

馬克西米連大街
Maximilian Str

如何前往
搭乘Tram 19至Nationaltheater 站即達

馬克西米連大街是慕尼黑主要購物大街之一。這條優美的街道連結國家歌劇院與巴伐利亞邦議會，最初是由巴伐利亞王馬克西米連二世，於1850年開始興建，也讓慕尼黑在當時得到「最北邊的義大利城市」的稱號。不過街道上的人潮並不如考芬格大街洶湧，因為真正能在這條街上消費的人並不多。

慕尼黑：瑪麗恩廣場

Max Krug

MAP P.38 C2

如何前往

從瑪麗恩廣場沿Kaufinger Str / Neuhauser Str.西行約300公尺即達。

info

📍 Neuhauser Str. 2 ☎ (0)89 224-501

🕐 10:00~19:00 🚫 週日 🌐 www.max-krug.com

　Max Krug自1926年起，便在這條街上販賣咕咕鐘，其製鐘手藝傳承自黑森林地區，而又自行研發了一些新樣式。因為咕咕鐘完全是手工製作，無法量產，所以作工的簡單或精緻也關係著價格高低。

📖 **如何選咕咕鐘**

由於咕咕鐘是靠著下方松果的重量來運作，因此需要定時上鏈，小松果24小時要上鏈一次，大松果(約1.5公斤)可以8天再上鏈，不過價格相對也比較貴。每個鐘都有3根松果，分別控制時間、音樂及鳥叫，若只有兩根松果，表示這個鐘沒有音樂功能。

📖 **拜仁慕尼黑，德國足球的驕傲！**

創立於1900年的拜仁慕尼黑是德國甲級足球聯賽中最成功的一家俱樂部，100多年來奪下了28次的聯賽冠軍，包括了今年2016/2017賽季的冠軍。底蘊深厚的拜仁同時也是德國國家隊的人才輸出地，2014年德國奪下世界杯冠軍的陣中主力大部分來自這支球隊，因此這支球隊不但是慕尼黑的驕傲也是德國的驕傲。拜仁的主場安聯球場也是鼎鼎有名，球場的屋頂與外牆共由2874個ETFE氣墊組合而成，外觀就像足球的表面。安聯球場位於慕尼黑的市郊，由瑪麗恩廣場搭乘U6至Fröttmaning站即可抵達。

拜仁慕尼黑專賣店
FC Bayern Fan-Shop

MAP P.39 D2

如何前往

從瑪麗恩廣場往東走，穿過舊市政廳塔樓後左轉Sparkassenstr.，至Ledererstr.右轉，再左轉Orlandostr.即達，路程約300公尺。

info

📍 Orlandostraße 1

🕐 10:00~19:00 🚫 週日

🌐 fcbayern.com/store

　拜仁慕尼黑是德甲中的勁旅，不但是德甲聯賽的常勝軍，在歐洲冠軍盃中也很活躍，是德國擁有最多球迷的球會。因為市場廣大，周邊產品的品項也很驚人，除了衣物飾品、手錶配件和體育用品外，還有衛浴組合、家飾廚具、辦公文具、汽車用品，甚至連寵物用品都有，同時也有些產品是和知名廠商如WMF等合作。

如果是位超級瘋狂的球迷，真的可以食衣住行樣樣都是拜仁慕尼黑。

慕尼黑：瑪麗恩廣場

用餐選擇

從全德最有名HB啤酒到正宗巴伐利亞美食，最美好的德國料理體驗即將開始～

皇家啤酒屋 Hofbrauhaus
德國啤酒餐廳

豬腳€21、烤半雞€16.5、HB啤酒€10.5起 推薦菜

每位來到慕尼黑的遊客都一定會造訪這家啤酒屋，品嚐正宗的慕尼黑啤酒。裡頭所供應的「HB」啤酒，也依然是全德國最有名的啤酒，現場還有樂隊演奏巴伐利亞傳統民謠，將人們對於德國啤酒屋的印象發揮到極致。來這裡，烤雞、德國豬腳及白香腸都建議來上一盤，至於啤酒，可請服務生為你推薦。
⊕P.39D2 ⊕從瑪麗恩廣場往東走，穿過舊市政廳塔樓後左轉Sparkassenstr.至Münzstr.右轉，再左轉Platzl即達，路程約350公尺。 ⊕Platzl 9 ⊕(0)89 290-136-100 ⊕11:00~24:00 ⊕主菜€17~21、HB啤酒€5.4起 ⊕www.hofbraeuhaus.de

超厲害的HB啤酒屋
這家啤酒屋早在1589年便開始釀造啤酒，最初是專供巴伐利亞的統治者飲用，因而常被翻譯成「皇家啤酒屋」。今日的Hofbräuhaus仍是世界上最大啤酒屋。

Ratskeller
傳統南德料理

風味烤香腸 推薦菜

在德國許多城市的市政廳地下室，都有一間地窖餐廳Ratskeller，這間地窖餐廳裝潢富中世紀氣味，讓人彷彿置身於古代城堡。這類餐廳賣的環境氣氛通常比賣的食物味道來得多，但幾乎所有巴伐利亞傳統菜餚都羅列於菜單上，仍值得一試。
⊕P.39D2 ⊕瑪麗恩廣場上新市政廳地下室 ⊕Marienplatz 8 ⊕(0)89 219-9890 ⊕11:00~23:00(週日至22:00) ⊕主菜約€15~39 ⊕www.ratskeller.com

Brenner Grill
地中海式燒烤餐廳

菲力牛排 380g€65 推薦菜

若你實在不想餐餐香腸豬腳，或許Brenner Grill可以滿足你。這是一家地中海式燒烤餐廳，餐廳中央就是開放式的烤肉架，菜單上的大半餐點都是在這架上烤熟，魚排、豬排、雞肉、牛排、馬鈴薯等，全都烤得香氣四溢。
⊕P.39D2 ⊕搭乘Tram 19至Kammerspiele站下車，沿Maximilianstr.西行約100公尺，穿過右手邊的大樓進入中庭即達。 ⊕Maximilianstraße 15 ⊕(0)89 452-2880 ⊕週一至週四8:30~24:00，週五、六8:30~2:00，週日休 ⊕義大利麵類約€18.5、燒烤類€19.5~67.5 ⊕www.brennergrill.de

Schneider Bräuhaus
傳統南德料理

Kronfleisch 牛排 推薦菜

Schneider Bräuhaus主打自釀的小麥啤酒(Schneider Wheat Beer)，其家族釀酒史可追溯自1872年，也算是本地老字號。至於供應的餐點除了經典的巴伐利亞料理外，還有些慕尼黑本地菜，像是招牌的「Kronfleisch」牛排(英文稱為Skirt Steak)，其取自牛的橫膈膜，雖然美味非凡，但因為不好料理，來此不妨一試。
⊕P.39D2 ⊕從瑪麗恩廣場沿Tal東行約150公尺即達。 ⊕Tal 7 ⊕(0)89 290-1380 ⊕9:00~23:30 ⊕主菜約€14~22 ⊕www.schneider-brauhaus.de

慕尼黑·瑪麗恩廣場

Spatenhaus an der Oper
傳統德式料理

巴伐利亞排盤
€44
推薦菜

位於歌劇院對面的Spatenhaus開業自1896年，對許多慕尼黑人來說，這裡充滿了他們的兒時回憶。1樓供應的是巴伐利亞料理，其烹調配方傳承古老菜譜，保留住傳統原汁原味，像是烤甘藍菜捲、馬鈴薯沙拉、牛肉丸等都是招牌菜；自釀啤酒也是盛名在外。2樓則是包廂雅座，餐點在巴伐利亞與奧匈菜色之外，也有海鮮、創意料理等。

📍P.39D2 🚋搭乘Tram 19至Nationaltheater 站即達。 🏠Residenzstraße 12 ☎(0)89 290-7060 🕐11:30~24:30(供餐至23:00) 💲主菜約€20~44 🌐www.kuffler.de

Schmalznudel Café Frischhut
點心

這家店的招牌就是店名上的「Schmalznudel」，為該店獨賣小點心。它有點像甜甜圈，但中間不是透空的，而是薄薄一層，吃起來沒有甜甜圈甜膩，有點像不加砂糖的雙胞胎，尤其剛起鍋時，鬆軟口感實在迷人。除了Schmalznudel，這裡還有結成麻花長條般的Stritzerl與傳統麵包Rohrundeln。

📍P.39D3 🚶從瑪麗恩廣場往東走，穿過舊市政廳塔樓後右轉進食品市集，過了Rosental路口即達，路程約350公尺。 🏠Pralat-Zistl-Str. 8 ☎(0)89 2602-3156 🕐9:00~18:00(週六至17:30) 🚫週日

Schmalznudel
€3
推薦菜

Augustiner Braustuben
平價德式料理

1/2豬腳
€17.5
推薦菜

Augustiner是慕尼黑著名啤酒廠，早在1328年便開始釀酒事業。這家公司在市區也經營多家餐廳，其中以火車站西邊這家最值得推薦。一是這裡最有巴伐利亞味，空間雖然擁擠，卻更顯熱鬧，來此用餐的大多是本地人，席間酒到酣處便引吭歡唱，氣氛歡樂。再者這裡食物不但道地美味，而且份量十足。更棒的是，價錢不貴。

📍P.38A2 🚋搭乘Tram 18、19至Holzapfelstraße 站下車，沿Landsberger Str.西行約80公尺即達。 🏠Landsberger Straße 19 ☎(0)89 507-047 🕐10:00~24:00 💲主菜約€15~25 🌐www.braeustuben.de

Max Pett
素食餐廳

Filled Eggplant
€23
推薦菜

Max Pett是當地有名的素食餐廳，雖說餐盤上全是蔬果，卻沒有一般素食店吃齋唸佛般的清淡。由於食材氣味不似肉類那般濃郁，因此更著重醬汁的調配，同時又因應各食材特性，使整份餐點在呈盤上和口感上，都相得益彰。

📍P.38B3 🚋搭乘U1-3、U6-7、Tram 16-18、Tram 27至Sendlinger Tor 站，出站後沿Pettenkoferstr.西行即達，路程約160公尺。 🏠Pettenkoferstr. 8 ☎(0)89 5586-9119 🕐17:00~23:00 (週五11:30起，週末10:00起)，週一休 💲主菜約€18~23 🌐www.max-pett.de

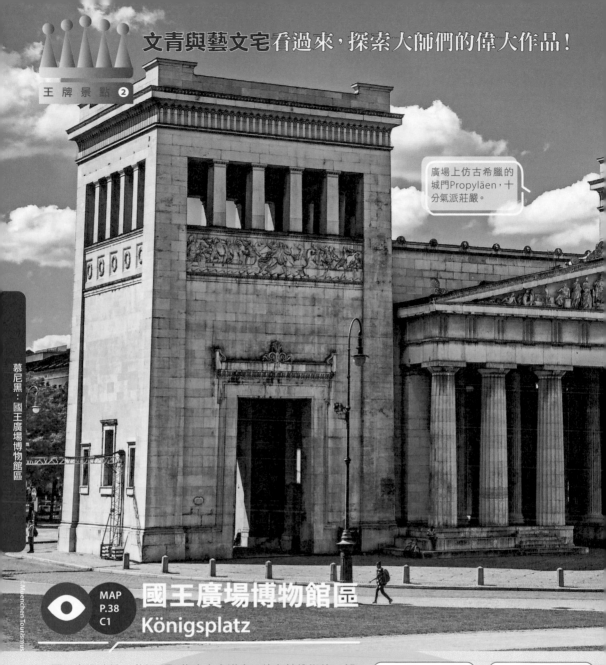

文青與藝文宅看過來，探索大師們的偉大作品！

慕尼黑：國王廣場博物館區

廣場上仿古希臘的城門Propyläen，十分氣派莊嚴。

©Muenchen Tourismus

 MAP P.38 C1

國王廣場博物館區
Königsplatz

國王廣場建於19世紀，是4條皇家大道之一的布林納街的一部分。為了紀念希臘國王奧圖一世的登基，廣場本身和隨後建造的雕刻博物館都是以仿雅典衛城的新古典主義建成。

今日的國王廣場附近有許多博物館，漸漸形成慕尼黑的文藝中心，吸引了許多觀光客。

©Muenchen Tourismus

至少預留時間
挑一間博物館參觀
1小時
每間博物館都想看
1天

◎U-Bahn：搭乘U1、2、8至Königsplatz站即可抵達。
◎步行：從慕尼黑中央車站出站，沿Luisenstraß向北步行700公尺即可抵達。

造訪國王廣場博物館區理由

1. 博物館＆美術館雲集，一次看夠夠。
2. 有機會看到舊美術館和現代美術館的大師級名畫，好值得！
3. 可同時欣賞廣場美麗的建築群

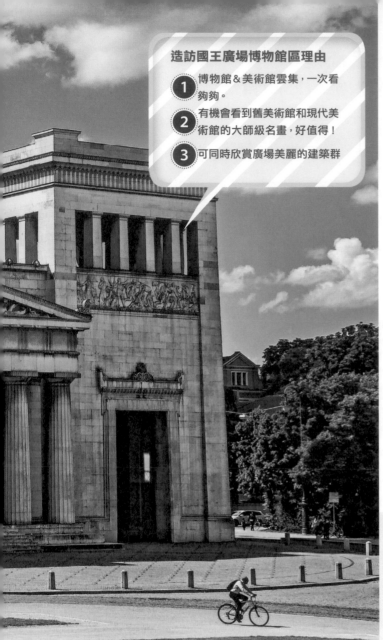

這些博物館以舊美術館館藏的畫作最為出名

建築本身就很有看點的現代美術館

怎麼玩國王廣場博物館區才聰明？

週日特價

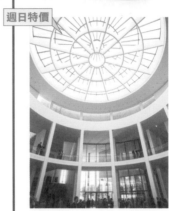

舊美術館、現代美術館和布蘭德霍斯特當代藝術館週日門票都只要€1。

↓

參觀重點

時間有限的情況下，建議先選擇舊美術館館參觀，這間美術館收藏了許多家喻戶曉的名作，一般人看了會比較有感覺；至於對藝術稍有研究的人，可再進階到其他美術館。

↓

留意休館日

這裡博物館大多於週一休館，造訪前請留意開放時間。

漫步**西方藝術**裡，
這塊藝文天堂讓你超有感～

慕尼黑：國王廣場博物館區

如果你熱愛西洋藝術，舊美術館肯定是一生必去朝聖的版圖。

舊美術館
Alte Pinakothek

MAP P.38 C1

如何前往
◎從國王廣場沿Arcisstraße向東北方步行約500公尺即可抵達
◎搭乘Tram 27至Pinakotheken站即達

info
⊙Barer Straße 27　☎(0)89 2380-5216
⊙10:00~18:00(週二、三至20:00)　⊗週一
⊙成人€9、優待票€6，週日皆€1，博物館一日票€12；門票不含特展。
⊙www.pinakothek.de

　舊美術館的收藏超過700件，大多是文藝復興、北方文藝復興及巴洛克時代的大師畫作。當中包括了達文西、拉斐爾、波提切利、提香、丁多雷托、盧本斯、凡戴克、林布蘭、維梅爾等人的畫作，當然日耳曼大師如杜勒、克拉那訶的作品也非常豐富，值得花上一整天細細品味欣賞。

這裡有不少是常在藝術史課堂上，被拿來分析講解的超凡作品。

約翰·威廉二世及其妻子安娜·美第奇

慕尼黑各美術館的豐富館藏打哪來？

近代的巴伐利亞藝術品收藏驚人，但在17世紀時，藝術重心是在北邊的杜塞道夫，當時統治者是約翰·威廉二世，他的妻子，也就是來自佛羅倫斯美第奇家族的女爵安娜·美第奇，對藝術的喜好影響了威廉二世，除了從家鄉帶來藝術品，兩人也陸續在杜塞道夫收藏各種繪畫與雕塑品。

威廉二世去世後統治權轉由後代家族繼承，他們移居至慕尼黑經營，也就一併帶走威廉二世的藝術收藏品，其中一大部分目前便陳列在慕尼黑各博物館中。

重要館藏

① 《勒遮帕奇波斯的女兒》
盧本斯，1618年

盧本斯在這幅畫中，教會我們如何打破古典構造，卻又不失和諧。此畫的每一個結構和配置，都經過精密計算，兩個扭曲的裸女被雙子神捉住，後面是兩匹騰躍驚跳的馬，馬上各伏著一位天使般的小孩。這四對人馬在畫面中形成迴旋，然而卻又巧妙地互補。而充滿激烈情緒的近景，後方卻用柔和的田園風光鋪展，更使整體畫作達到平衡。

② 《波雷咸大哉的自畫像》
杜勒，1500年

這是杜勒最有名的一張自畫像，也是16世紀初期最重要的肖像畫之一。杜勒運用深刻的筆調、光線明亮對比、毛髮細節的處理，將自己畫成具有神聖性的模樣。然而這幅畫最成功的地方，並不在技法上的修飾，而在於杜勒畫出了一種莊嚴、雄大的人物精神，那雙堅毅的眼睛幾乎可以把人看透，任何看著這幅畫的人都不得不肅然起敬。

③ 《維納斯、伏爾康與馬爾斯》
丁多雷托，約1550年左右

丁多雷托畫這幅畫時，已經很能掌握透視畫法及光線色彩的技巧。這幅畫的是火神伏爾康捉姦在床的故事，伏爾康拉開妻子維納斯的床單檢查，維納斯卻想用床單把自己蓋住，情夫戰神馬爾斯躲在桌子底下偷看，罪魁禍首邱比特卻在一旁假裝沉睡。整幅畫的肢體線條、色彩變化、明暗對比、構圖配置，都顯得優雅柔和，而後方的玻璃瓶與反映此一場景的鏡像，也處理得非常成功，堪稱傑作。

④ 《基督降生》
杜勒，1503年

在北方文藝復興中，杜勒扮演關鍵的角色，而這幅畫的構圖在當時具有革命性的意義，代表透視畫法在北方的成熟。左右兩棟建築形成兩個靠近的消失點，塑造出內院狹窄的空間，上半部的廢墟圓拱和木板樣柱，既製造了遠近感，又具有和緩畫面的功用。而聖母莊重的形體、約瑟粗俗的姿態，加上從後方大步走來的兩位牧羊人，使整幅作品盈滿了生命力，同時左右兩邊窗洞裡望向中央聖子的老人和牲畜，也有聚焦的效果。

⑤ 《龐巴度夫人》
法蘭索瓦·布雪，1756年

法國宮廷畫家布雪擅長捕捉女性的姿態，這幅畫是他出色的作品之一，典型的洛可可風人物畫，精緻淡雅又隱約表現出人物的七情六慾。這幅畫的主角龐巴度夫人可說是大有來頭，她是路易十五的情婦，周旋在法國政界的名媛，是一位劃時代的女性。

慕尼黑：國王廣場博物館區

新美術館
Neue Pinakothek

MAP P.38 C1

如何前往

◎從國王廣場沿Arcisstraße向東北方步行約700公尺即可抵達

◎搭乘Tram 27至Pinakotheken站即達。

info

🏠Barer Straße 29

🌐www.pinakothek.de

❗目前博物館閉館進行整修,預計2029年重新開放。

　　慕尼黑新美術館的宗旨,是要人們重新發現19世紀,因此這裡收藏的雕塑與繪畫,以新古典主義、浪漫主義、印象主義、拿撒勒畫派等大師作品為主,後兩者的作品為當時的藝術家擺脫古典法則,做出相當努力,也為現代藝術開啟一扇大門。

梵谷的《向日葵》

館內也藏有一幅莫內的《睡蓮》

塞尚於1880年所畫的自畫像

新藝術運動(Jugendstil)和被稱為「拿撒勒畫派」(Nazarene)的德國浪漫主義作品,圖為Friedrich Overbeck的《義大利和日耳曼》

在設計藝術館中則可看到我們日常生活用品的演變與創新,例如荷蘭大師李特維德(Gerrit Thomas Rietveld)設計的風格派(De Stijl)椅子、BMW設計的132飛機引擎,以及70年代以來的每一代蘋果電腦,都在展示之列。

現代美術館
Pinakothek der Moderne

MAP P.38 C1

如何前往

◎從國王廣場沿Luisenstraße向北走,於Gabelsbergerstraße右轉再步行500公尺即可抵達。

◎搭乘Tram 27至Karolinenplatz 站下車,沿Barer Str.北行約200公尺即達。

info

🏠Barer Straße 40　📞(0)89 2380 5360

🕐10:00~18:00(週四至20:00)　🚫週一

💰成人€10、優待票€7,週日皆€1,博物館一日票€12。

🌐www.pinakothek.de

　　現代美術館以中央的透光圓頂為軸心,分為四大主題展區:現代藝術、建築藝術、平面藝術、設計藝術。現代美術館展出20世紀的大師,如畢卡索、保羅・克里、馬克思・貝克漢等人的作品;建築藝術館介紹了當代建築的概念與發展。

平面藝術館展出各個時代的插畫風格與海報設計

布蘭德霍斯特當代藝術館
Museum Brandhorst

MAP P.39 D1

如何前往
◎從國王廣場沿Luisenstraße向北走，於Gabelsbergerstraße右轉繼續走，於Türkenstraße左轉再走100公尺即可抵達。
◎搭乘Tram 27至Pinakotheken站下車，沿Theresienstr.東行約200公尺即達。

info
🏠Theresienstraße 35a
☎(0)89 2380-522-86
🕐10:00~18:00(週四至20:00)
🚫週一
💲成人€7、優待票€5，週日皆€1，博物館一日票€12。
🌐www.pinakothek.de

　布蘭德霍斯特展出700多件當代藝術家的作品，從上個世紀的後現代大師，到本世紀的潛力新星都有。較重要的大師包括安迪·沃荷、托姆布雷(Cy Twombly)、波克(Sigmar Polke)、赫斯特(Damien Hirst)等人，其中又以美國抽象大師托姆布雷的畫作最多。

托姆布雷在畫什麼？！

托姆布雷的畫，看似潦草數筆，既像無意識的隨意塗鴉，又像純粹打翻油漆桶，但若觀其畫作命題，再以直覺投射印象，又會覺得除此之外，似乎沒有其他更好的表現方法。

美術館的外觀是德國建築事務所Sauerbruch Hutton的作品，由二萬六千根色彩錯雜的陶管排列出整面外牆，隨著光線和角度變化，視覺效果就會不同。

慕尼黑·國王廣場博物館區

MAP
P.38
C1

連巴赫市立美術館
Städtische Galerie im Lenbachhaus

如何前往
◎位於國王廣場上
◎搭乘U2到Königsplatz站下車，沿Luisenstr.北行約240公尺即達。

info
🏠Luisenstraße 33　☎(0)89 2339-6933
⏰10:00~18:00（週四至20:00）　休週一
💲成人€10、優待票€5，每月第1個週四18:00後免費　🌐www.lenbachhaus.de

什麼是藍騎士派？

藍騎士畫派崇尚表現主義、畫風抽象，代表人物是康丁斯基，他早期創立了慕尼黑新藝術家協會，但越趨抽象的畫風讓主流藝術圈不能接受，於是他帶著幾位畫風相近的藝術家成立了藍騎士，因為他們都喜歡在畫中加入藍色和馬這兩種元素，因此命名為藍騎士。藍騎士存在時間不長，但對日後抽象畫派有很大影響。

已於1945年失蹤的馬爾克畫作《藍馬之塔》

康丁斯基何許人也？

康丁斯基在莫斯科出生，近30歲時受到莫內作品啟發，先到慕尼黑學習繪畫，後四處遊歷，並於1911年與其他畫家創立「藍騎士」(Blue Rider)團體，共同舉辦畫展。康丁斯基強調色彩的心理效果，也強調畫作的音樂性與協調性，著有《藝術的精神性》和《點、線、面》兩本重要著作，被譽為德國20世紀表現主義和抽象畫之父。

康丁斯基

慕尼黑在20世紀初曾以藍騎士畫派(Blauer Reiter)在現代藝術上大放異彩，然而受到一次大戰影響，這個畫派曇花一現，他們僅在1911與1912年舉辦兩次畫展。但藍騎士畫派成就依然值得瞻仰，而連巴赫美術館正是世界上藍騎士畫派作品最豐富的收藏地，裡頭有包括藍騎士的主將——康丁斯基(Wassily Kandinsky)及克里(Paul Klee)的作品，還有亞特倫斯基(Alexei Von Jawlensly)和馬爾克(Franz Marc)等大作。

克里是瑞士人，畫風偏向抽象，有時甚至整個畫面均由幾何符號組成，圖為其作品《Rose Garden》

康丁斯基的作品《Various Parts》

亞特倫斯基的《舞者畫像》

馬爾克的《Blaues Pferd I》

19世紀初，當時的巴伐利亞王備非常仰慕古希臘羅馬文化，於是蒐集相關作品，並建這座雕刻博物館。

ⅢⅢ　MAP P.38 C1　雕刻博物館與古代美術博物館
Glyptothek & Staatlichen Antikensammlungen

如何前往

◎位於國王廣場上

◎搭乘U2到Königsplatz站下車，沿Luisenstr.北行約150公尺即達。

info

🚇Königsplatz

🕙10:00~17:00(雕刻博物館週四至20:00、古代美術博物館週三至20:00)　🚫週一

💶成人€6、優待票€4，週日€1，18歲以下免費。

🌐www.antike-am-koenigsplatz.mwn.de

　　這座雕刻博物館，也是慕尼黑的第一間博物館，建立於1830年，裡頭的藝術品完全來自古希臘與古羅馬，其中不乏赫赫有名之作。

　　雕刻博物館正對面是古代美術博物館，裡頭的收藏像是花瓶、青銅器、玻璃、珠寶、赤陶工藝品等，也都是來自古希臘、古羅馬，甚至是伊特魯里亞地區，時代從西元前3,000年到後400年，橫跨了有數十個世紀之久。

石雕像《酒醉的薩提爾》(Barberini Faun)，就是在許多地方都能見到複製品的經典之作。

認識汽車工藝的佼佼者，
一場讓車迷如痴如醉的BMW秀！

博物館外型彷彿太
空艙般，加上螺旋
狀的內部空間設計，
相當獨特搶眼。

慕尼黑‧BMW博物館

BMW博物館
BMW Museum

MAP
P.38
B1外

闡名全球的BMW，其總公司正位於慕尼黑。總部旁的
博物館內擁有BMW所有具代表性的經典車款。

博物館裡不但有實體展示，還有超過20部影片可欣賞，
和從前的銷售海報、廣告、型錄等，詳實說明了汽車製造
技術的進展與市場變化；博物館旁的BMW世界則有展示
中心和紀念品店。

創業於1916年的BMW最初
是以生產飛機引擎起家，
館內也展出當時的引擎設
計和構造。

博物館旁的BMW世界是新車
展示中心，可以看到BMW發
表的最新車款，同時配置互動
式的模擬體驗，娛樂性十足。

ⓘ

🏠Am Olympiapark
◎BMW博物館
🕙10:00~18:00(售票至
17:30)
㊡週一
💲成人€10、優待票€7。
🔗www.bmw-welt.de
◎BMW世界
🕘9:00~18:00
💲免費
🔗www.bmw-welt.de

造訪BMW博物館理由

1 車迷來朝聖還需要理由嗎！

2 好整以暇欣賞BMW頂級工藝！

3 見證汽車工業龍頭的演進

怎麼玩
BMW博物館
才聰明？

參觀工廠

需上**官網預約**，在BMW Welt報到，可見識到汽車的生產線。

導覽

BMW博物館和BMW Welt都辦有精彩的導覽行程，機會難得，請上官網預約。

不要問價格

當然和台灣價差很大，所以不要問，很可怕！

總部大樓的造型象徵汽車的汽缸，而四個環型大樓圍繞起來，正是BMW的招牌商標。

U-Bahn：搭乘U3到Olympiazentrum站，出站後沿指標走即達。

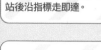

至少預留時間
一般參觀
1小時
愛車成癡
3小時

BMW自1920年代以來便開始生產摩托車，在館內有一大面展示牆，陳列每年生產的摩托車，從早期的機踏車到酷炫拉風的重機都有。

每個男人的夢想，
欣賞BMW頂級工藝！

BMW博物館

賽車系列

　　BMW雖然在2009年將旗下車隊售出，正式退出F1，但是BMW一直以來在汽車競技上都不落人後，這裡展出了BMW開發出來的所有賽車，賽車迷可以近距離的親近它們。

經典車系發展史

　　3、5、7系列的房車是非常受歡迎的經典車款，這裡的展示會不定期的改變車系，但一定是這幾個經典系列。在了解發展過程的同時，不斷見證BMW在技術上的突破和創新，會情不自禁的愛上BMW，只能說這品牌太強大了。

摩托車的演進

　　從上個世紀20年代生產出第一台機車到現在，BMW的重型機車和汽車一樣在業界擦亮了自己的招牌。博物館裡展出了發展至今所有的摩托車款式，說明了摩托車演進的過程。

Did YOU KnoW

BMW的帝國比你想像的還要大！

別以為只有掛上BMW Logo的才是這個汽車王國的產品，兩個經典車款Mini Cooper和勞斯萊斯的Phantom其實也屬於BMW集團──BMW於1994年收購了Mini，又於1998年，在與福斯汽車的爭奪戰中勝出，併購了勞斯萊斯；所以它們其實都是一家人呀！

慕尼黑：BMW博物館

BMW Logo

巴伐利亞旗幟

BMW的歷史和 Logo

BMW的全名是Bayerische Motoren Werke(巴伐利亞發動機製造)，最早是製造航空引擎，直到一戰後凡爾賽條約禁止德國發展航空技術，才轉而製造機車，1927年因代理英國車廠的車而開始了汽車生產之路，品牌的傳奇一路沿續至今。而BMW的商標靈感來自於巴伐利亞旗幟，經過多年的改良成為了我們今天所熟悉的樣子，象徵著BMW以來自巴伐利亞為榮。

BMW世界

BMW Shop

BMW博物館是慕尼黑的必遊景點，琳瑯滿目的尖端車款，每款都有獨特設計理念，看了實在讓人心情亢奮，很想帶走一些這裡的所見所聞；也許大家都抱持這種想法，於是紀念品店便擠滿了人。在BMW博物館和BMW世界中都有紀念品店，但以BMW世界的較大，各種汽車用品及旅行裝備一應俱全，還有每一款經典車的模型，與包包、衣服、鑰匙圈等紀念品，上面都有BMW的Logo和圖案，送禮自用兩相宜。

模擬駕駛

雖然旁邊有實體車可試乘，但是完全無壓力的飆車還是很吸引人的。這些互動設施除了讓男生們過過癮之外，對實體車沒有興趣的女生或是小孩也可在這裡找到樂趣！

BMW I系列 屬於新世代的車系

I系列電動車是BMW近年來致力研發的項目，因應21世紀環保、永續的普世價值觀而誕生，維持BMW一貫優異的性能，從0到100km/h只要7.3秒，零排放且無噪音，流線、簡約的外觀也符合新世代的美學。是未來都市的模範車款！

展示間

所有BMW出廠的新車都會展示在這裡，性能和配備都有詳細的介紹，有興趣的人可直接向旁邊的業務詢問詳情，真的忍不住的話，2樓就有交車中心囉！

40年前就這麼in！
昔日奧運場地今日星光熠熠！

MAP P.38 B1外

奧林匹克公園
Olympiapark

如何前往
◎從BMW博物館向西南方走400公尺即可抵達，找到展望塔然後向那個方向前進就對了！
◎搭乘U3到Olympiazentrum站，出站後穿過BMW世界向右走300公尺即可抵達。

info
◎Spiridon-Louis-Ring 21
☎(0)89 306-70
◎展望塔9:00~23:00 (最後登塔時間為22:30)，體育館9:00~17:00 (4、10月至18:00，5~9月至20:00)。
◎展望塔成人€13、7~16歲€10，體育館成人€3.5、7~16歲€2.5。
◎www.olympiapark.de

　　1972年的第20屆奧運在慕尼黑舉辦，距今已超過40年，但這座運動公園內的建築物，在今天看來依然引領潮流。園內展望塔內還設有搖滾博物館，而公園內的湖畔也有搖滾巨星的星光大道，包括Metallica、Aerosmith、REM、BB King等人都有在此留下手印。

慕尼黑奧運的悲劇
雖然有著傑出的建築展現，慕尼黑奧運會最讓人難忘的卻是一場大悲劇。當年，曾有巴勒斯坦激進份子闖入比賽現場，綁架了以色列的參賽選手。這件恐怖事件後來以悲劇收場，包括選手、恐怖份子與營救人質的警察在內，共17人全部喪生，成為奧運史上最血腥的一頁。

Did YOU KnoW
在這裡辦過演唱會的天王天后們
這個體育館在2005年賽季結束前都是拜仁慕尼黑的主場，拜仁搬到安聯球場之後就不再舉辦足球比賽了，轉為舉辦田徑比賽或文化表演活動。許多大明星的演唱會都辦在這裡，包括滾石、U2、席琳·狄翁、邦橋飛、羅比·威廉斯等等，是不是星光熠熠啊！

整個園區的主要建築以蜘蛛網般的透明天幕相連，充滿科技感卻又相對開闊。

公園內有攀爬屋頂、高空飛索、繩索垂降等活動，可上官網查詢。

園區內有一座高達290公尺的展望塔，正好讓人可從上往下將園區一覽無遺。

聽到工業和科技頭就痛了嗎？
德意志博物館讓你馬上改觀大喊：「好好玩」！

造訪德意志博物館理由

1 全球規模最大的科技博物館

2 50個領域的展出內容，一定找的到有興趣的主題。

3 寓教於樂的博物館，實際上手操練，連小孩都可一起帶來玩！

慕尼黑：德意志博物館

館內無論是飛機、潛艇、火箭、紡織機、發電機、造橋技術、隧道結構，各項主題展示皆鉅細靡遺。

這裡的潛艇與火箭不只是模型而已，是可飛到外太空與潛入深海裡的真貨。

搭S1-S8至Isartor站、搭Tram 16至Reichenbachplatz站，步行約7分鐘。

MAP
P.39
E3

德意志博物館
Deutsches Museum

德國的工業水準世界一流，這座以工業發展與技術為主題的德意志博物館，展示水準也是全世界數一數二。

德國人也不怕高科技機密外洩，潛艇與火箭都剖開了讓人可進入艙內參觀。這是一座教育性高於娛樂性的博物館，連附設商店也有不少啟發性教材，適合親子同行。

Museumsinsel 1
(0)89 217-9333
9:00~17:00
成人€15、優待票€8
www.deutsches-museum.de

至少預留時間
一般參觀
1小時
對工業很有興趣
3~5小時

理工宅宅的夢幻博物館，50個領域一次看足！

怎麼玩德意志博物館才聰明？

3館套票

德意志博物館除了本身的主館，還有德意志交通博物館和德意志飛機博物館兩個分館，怕看不過癮的人可買套票(3館€24)，而且不記名也不記日期，可以讓你看個夠！

主題多元

對硬梆梆的工業或科技沒興趣的人也別擔心，這裡也有很多軟性的展館，像是玩具館、樂器館、照相館，你一定可以找到有興趣的主題。

航海領域

航海在人類文明史上扮演了很重要的角色，正是航海技術的進步催發了地理大發現。從最早的人力船到使用風帆，以及近現代的蒸汽船到動力引擎，這裡都有展出。

Did YOU KnoW

台灣達悟族的拼板船停在這兒

在這裡也看得到來自台灣的驕傲！航海館裡有來自蘭嶼達悟族的拼板船，這種拼板船造型優美但構造簡單，顯示出達悟族人優秀的工藝，來到這裡千萬別錯過了！

模型人像展示冶煉技術的演變，這裡的展出深入淺出，小朋友一樣可以學到很多。

真實的機艙讓人參觀可是難得的機會

航太領域

　　每次抬頭望向浩瀚無垠的星空，人類好奇的本性就會開始作祟，上面到底長什麼樣子呢？如今已經有許多先鋒上去過又回來了，我們期待著更高更遠的事實現。現在這門科技正夯，一起來看看人類的偉大成就吧！

航空領域

　　像鳥兒一樣在天空翱翔一直是人類的夢想，1個世紀前我們終於做到了。這100年來航空領域的技術是日新月異，航空已經成了我們日常生活中的一部分了。這裡豐富的館藏會讓人清楚地了解航空科技進步的過程。

👉 有此一說～

希特勒的空軍一號看這裡

這架飛機就是希特勒的座機容克Ju-52，當年他就是搭著這種飛機四處演講、巡視，有趣的是，二戰前因為納粹反共的立場，中德關係是不錯的，蔣介石從德國人手中得到了不少裝備，包括了這架Ju-52。

看完博物館有點兒餓？

Wirtshaus In Der Au

巴伐利亞傳統料理

拼盤
Auer Brotzeitbrett'l
€18.8

推薦菜

　　由於距離觀光區較遠，來Wirtshaus In Der Au用餐的大多是本地人。這間餐廳開業自1901年，供應巴伐利亞地區家常菜，很得到當地人喜愛。如果是在週末早上來訪，建議點一份慕尼黑著名的白香腸(Weißwurst)，水煮的白香腸加上甜芥末及麵包，即成了道地的慕尼黑早餐。週末午後還有爵士樂隊現場演出。

✈P.39E3 ◎◎從德意志博物館沿Zenneckbrücke向東南走，再接Schwarzstraße即可抵達，餐廳在左手邊。路程200公尺。◎搭乘Tram 18至Mariahilfplatz站，步行約8分鐘。✿Lilienstr. 51 ☎(0)89 448-1400 ⏰週一至週五17:00~23:00，週六10:00~23:00。💲主菜約€13~25 ◎ wirtshausinderau.de/

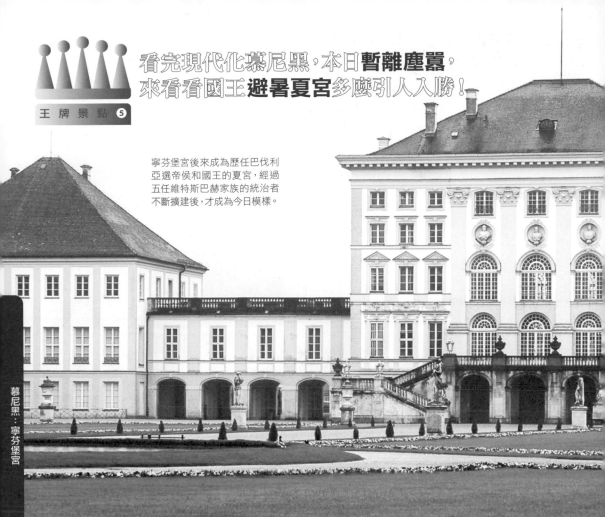

看完現代化慕尼黑，本日**暫離塵囂**，
來看看國王**避暑夏宮**多麼引人入勝！

寧芬堡宮後來成為歷任巴伐利亞選帝侯和國王的夏宮，經過五任維特斯巴赫家族的統治者不斷擴建後，才成為今日模樣。

寧芬堡宮
Schloss Nymphenburg

MAP
P.38
A1外

寧芬堡宮建於1664年，是當時選帝侯為慶祝剛出生的孩子而建，而這位孩子便是日後幫助神聖羅馬帝國皇帝對抗鄂圖曼帝國與路易十四的馬克西米連二世(Maximilian Emanuel)。

除了優美的寧芬堡宮，廣闊的花園內建有帕戈登宮、巴登宮、阿瑪林宮及馬格德萊恩小屋，皆位於幽靜的林間，成為各自獨立的小宮殿，裡頭可見到當時流行的藝術風格及富有東方風情的房間。

至少預留時間
只參觀寧芬堡宮
1小時
宮殿、花園、
馬車博物館都看
3小時

Tram：搭乘Tram 17至Schloss Nymphenburg站即達。

選帝侯夫人的房間，綠色系配上木質的裝潢，給人很舒服的感覺。

造訪寧芬堡宮理由

1 多元的藝術風格融合，形成獨特的面貌。

2 已經參觀過很多現代化的景點，來這裡換個感覺看慕尼黑。

3 一睹童話國王路德維希二世留下的風采

4 走進貴族的日常生活中

怎麼玩寧芬堡宮才聰明？

事先做功課 這裡有著許多的故事，先了解**這座宮殿的歷史**再來參觀會更有趣！

↓

建議買通票 寧芬宮的門票和通票（宮殿、花園、馬車博物館）價格只差一點，難得來一趟這裡，建議**買通票**好好看個夠。

↓

我的老天鵝 宮殿前的湖有許多**天鵝**牠們，遊客常常會餵食牠們，因此牠們完全不怕人，相反的餵食的時候要小心牠們太熱情，尤其是小朋友別太靠近！

寧芬堡宮也是童話國王路德維希二世的出生地（有關他的故事可見P.75），宮內有許多他的肖像或物品，圖為他婚禮時的馬車。

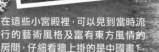

在這些小宮殿裡，可以見到當時流行的藝術風格及富有東方風情的房間，仔細看牆上掛的是中國畫！

 寧芬堡宮瓷器工廠自18世紀起即存在於宮中，想要一睹其製作的精品，可以到遊客中心逛逛，不過價格不便宜。

🏠Schloß Nymphenburg 1 ☎(0)89 179-080 🕐宮殿與博物館4月~10月中9:00~18:00，10月中~3月10:00~16:00。公園中的小宮殿群4月~10月中9:00~18:00，10月中~3月關閉。宮殿公園正門6:00~20:00 (11~3月至18:00，5~9月至21:30)。 💲寧芬堡宮通票(含寧芬堡宮、皇家馬車博物館、瓷器博物館與公園內小宮殿群)4月~10月中成人€15、優待票€13，10月中~3月成人€12、優待票€10。只進入宮殿成人€8、優待票€7。可租用中文語音導覽，每台€3.5 ⏱www.schloss-nymphenburg.de

---

Did YOU KnoW

為什麼有些房間不開放？

有些房間為何沒有開放參觀？那其實是早期宮殿的統治者維特斯巴赫家族，目前有些還住在側殿內的緣故。二戰期間因為反對納粹，家族成員有的被關進集中營，有的流亡國外，戰後才恢復維特斯巴赫家族的地位，並搬回寧芬堡宮居住。

美人畫廊、宮殿藝術⋯
國王的所愛不藏私公開！

馬車博物館

維特斯巴赫家族收藏了各式各樣的馬車和雪橇，裡面有真正使用過的，也有金光閃閃作為裝飾用的。不論是哪種，製作都很精細，觀賞性很高。

宮殿藝術

寧芬堡宮剛建成時是巴洛克風格的宮殿，之後的擴建和改建中，內部的裝潢大量使用洛可可風格的元素，兩種風格結合出不同的感覺，使寧芬堡宮成為當時最具代表性的宮殿藝術之一。

美人畫廊

男人的天性就是愛美女，在那個沒有照片可看的年代就只好收藏畫像了。路德維希一世下令將餐廳改為美人畫廊，收藏了當時各階層的美女畫作，總共有36幅作品，而導致他退位的女舞者蘿拉的畫像也在其中。

Did YOU KnoW

又是一個不愛江山愛美人的風流人物！

在美女畫廊中，最後導致路德維希一世退位的女舞者蘿拉的畫像也在其中，蘿拉(Lola Montez)是他的情婦，他因為強迫議會冊封蘿拉為女伯爵而加深了人民的反感，最終導致革命，他也被迫讓位。

離開慕尼黑
周邊的小旅行

浪 漫的童話國王路德維希二世替巴伐利亞邦留下了許多珍貴的文化遺產，加上德國南部緊鄰
阿爾卑斯山，天然資源得天獨厚，這一帶有很多夢幻的景點。但是由於地處邊疆，交通相較
其他地區沒那麼發達，景點各自間也有距離，因此慕尼黑就成了拜訪這些景點的理想中繼站了。
在接下來的篇章裡，我們會介紹幾個慕尼黑周邊很熱門的景點，包括新天鵝堡、赫蓮基姆湖宮、
林德霍夫宮和楚格峰，你可以根據自己時間的長短與個人喜好來挑選目的地，如果時間寬裕，也
可以串連成一條路線。

羅曼蒂克大道
Romantische Strasse

慕尼黑
München

赫蓮基姆湖宮
Schloß Herrenchiemsee

林德霍夫宮
Schloss Linderhof

新天鵝堡
Schloss
Neuschwanstein

楚格峰
Zugspitze

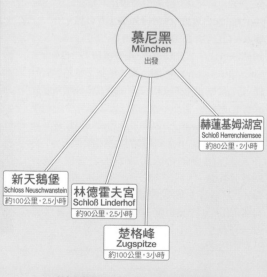

慕尼黑
München
出發

赫蓮基姆湖宮
Schloß Herrenchiemsee
約80公里，2小時

新天鵝堡
Schloss Neuschwanstein
約100公里，2.5小時

林德霍夫宮
Schloß Linderhof
約90公里，2.5小時

楚格峰
Zugspitze
約100公里，3小時

※所有里程數及時間，皆以從慕尼黑出發計算

距離雖然不遠，但好不容易來到這裡，建議可在富森留宿一晚

同場加映：離開慕尼黑的周邊小旅行

\ 推薦1 /

距離慕尼黑

位於慕尼黑西南方
距離約100公里

總路程

約2.5小時

溫馨的小鎮富森，所有去新天鵝堡的遊客都會經過這裡，所以總是很熱鬧。

👁 MAP P.73 ,74 **新天鵝堡**
Schloss Neuschwanstein

富森及其周邊

Forggensee

聖曼修道院
✚Kloster St. Mang
◎高地城堡Hohes Schloss

富森
Füssen
Alpsee

新天鵝堡
Schloss Neuschwanstein

郝恩修瓦高城
Hohenschwangau

林德霍夫宮
Schloss Linderhof

歐博阿瑪高
Oberammergau

艾塔修道院
✚Kloster Ettal

◎景點 ✚教堂 🏰城堡

如何前往

從慕尼黑出發前往富森，雖然有直達的RB列車，但班次不算太多，大多班次還是得在布洛埃(Buchloe)轉車。無論直達與否，總車程都是大約2個小時。到達富森後搭乘公車(往Schwangau方向)在Hohenschwangau/Castles站下車，即抵達郝恩修瓦高村。從郝恩修瓦高城售票處到新天鵝堡有3種方式：(1)步行：從售票處至新天鵝堡有兩條路徑，各約35及40分鐘。(2)馬車(全年運行)：從Hotel Muller出發至城堡下方，再步行約15分鐘(上坡)。(3)小巴(遇冰雪停駛)：下車地點約在城堡上方600公尺處，再步行15分鐘下坡路。

⏰4~10月中9：00~18：00、10月中~3月10:00~16:00。 💰成人€18、優待票€17。 🌐www.neuschwanstein.de ❶1.進入城堡須參加導覽行程，行程中禁止拍照攝影。2.郝恩修瓦高城售票處只販賣當日門票，數量相當有限，因此最好是上網購票，網址：www.hohenschwangau.de，請注意線上購票要額外支付€2.5手續費(包括免費票種)。

去新天鵝堡的必經之路有不少景點，第一站便是富森，這個座落在阿爾卑斯山腳下的小鎮，昔日是商業活動頻繁的轉運站，小鎮上也有幾個漂亮的歷史建築。從富森搭車就可到新天鵝堡所在的郝恩修瓦高。

 除了英、德文專人導覽團外，也可選擇參加語音導覽機自助行程(有中文)。專人導覽參觀時間約30分鐘。

夢幻的新天鵝堡

站在這裡，就能拍到新天鵝堡經典照！
在往新天鵝堡的路上有一座吊橋——瑪麗恩橋，橋中央可拍到新天鵝堡的全景，我們所看過關於新天鵝堡的照片，幾乎都是從這個位置拍出來的！

關於新天鵝堡的二三事

新天鵝堡是德國最熱門的觀光景點之一，據說迪士尼樂園內的睡美人城堡，就是由它得來的靈感。這座城堡是由巴伐利亞國王路德維希二世(Ludwig II)興建，他曾在郝恩修瓦高城度過了童年，那座城堡內的中世紀傳說及浪漫風格，深深影響了這位國王，而讓他建造了這座夢幻城堡。

儘管新天鵝堡是中古世紀風格的城堡，但它內部使用先進的技術，不但有暖氣輸送到房間，每個樓層還有自來水，在廚房也有冷、熱水裝置，其中有兩層樓還有電話。

這位國王為了建立城堡不惜借貸，死後留下龐大債務，所幸他建造的新天鵝堡、林德霍夫宮及赫蓮基姆湖宮，後來都獲得驚人觀光收入，他的家族才逐漸還清負債，如今已變成當地富豪。

國王獨特的藝術天分，採用的建築及裝潢至今仍不退潮流，加上悲劇國王傳奇的故事，讓新天鵝堡成為所有德國城堡之最。

路德維希二世

一生超戲劇化的國王——路德維希二世

路德維希二世身為王儲長子肩負治國大任，從小被父親安排在富森附近的高地天鵝城堡接受皇室教育。但因國王突然的墜馬意外身亡，路德維希二世就在18歲、毫無準備下登上王座。但當時政局並非安穩無虞，北有普魯士王朝的進逼，西北又有法國的侵擾，南邊則有哈德斯王朝的爭奪戰等，種種壓力下，國王反而投入對藝術與音樂的追求，不只禮遇華格納，更以其歌劇創作建造城堡。

他在世時，不被眾人了解，只博得無數的取笑與指責，更難解的是在1886年神秘淹死於湖中，這些疑點已是難以釐清，但他死後留下多座城堡，為巴伐利亞賺進大筆的觀光財，可是當初料想不到的事！

位於老城內的聖米歇爾大教堂，因是巴伐利亞皇室專屬教堂，此教堂的地下室除了安葬40餘位皇室貴族外，也葬著這位孤寂身影童話國王路德維希二世的靈柩。

同場加映：離開慕尼黑的周邊小旅行

1 郝恩修瓦高城
Schloss Hohenschwangau

郝恩修瓦高城是陪伴路德維希二世度過童年及少年時期之地。城堡中以天鵝騎士廳最為著名，裝飾有關「羅恩格林」的繪畫，城內的浪漫風格及騎士傳說，影響這位國王後來建造新天鵝堡。

1861年時，他在慕尼黑看過華格納歌劇《羅恩格林》後，便成了這位音樂家的崇拜者及贊助家，在這裡可看到當時國王與華格納一起彈過的鋼琴及往返書信。而建造新天鵝堡時，他就在他父親房間的陽台觀察整個建築進度。

🚶 P.74 🚌 從富森搭乘公車在Hohenschwangau / Castles站下車，即達郝恩修瓦高。從購票處步行到城堡約20分鐘。也可搭乘馬車直達城堡(冬季停駛)。

🕐 4月~10月中9:00~16:30，10月中~3月10:00~16:00
💲 成人€21，7~17歲€11
🌐 www.hohenschwangau.de

城堡外客房完全開放，目前有廚房展示，還原當時運作樣貌。

參觀完城堡若還有時間，不妨從後方小路出去，在經過一段國王馬車專用道路後，便可見到阿爾卑斯湖的秀麗風光。

🔊 城堡需在規定的梯次、時間內進入參觀。另外，除了英、德文專人導覽團外，也可選擇參加語音導覽機自助行程(有中文)。專人導覽參觀時間約35分鐘。

這座城堡是由馬克西米連一世(路德維希二世的父親)買下，再照中世紀風格重建，又稱「舊天鵝堡」。

同場加映：離開慕尼黑的周邊小旅行

華格納

Did YOU KnoW

路德維希二世有多愛華格納

當路德維希二世當上國王後，他馬上就想找到心目中的藝術大師——華格納，此時51歲的華格納是債務高築的，國王不但替他償還債務，還在拜羅伊特(Bayreuth)這個地方蓋房讓他居住，並出資建造拜羅伊特歌劇院，讓華格納在此創辦音樂節，所以今日拜羅伊特也就稱為華格納之城。

② 阿爾卑斯湖 Alpsee

▲ P.74

🚌 從富森搭乘公車在Hohenschwangau / Castles站下車，即達郝恩修瓦高。

位在郝恩修瓦高城旁的阿爾卑斯湖，湖水清澈見底，天氣好時，可見許多人在湖邊野餐、戲水。在湖畔漫步一圈約1個小時，夏季還可租小船遊湖。

這裡也是當地居民游泳的地方，據說路德維希二世也愛在湖中游泳。

這裡風光明媚，還可遠眺阿爾卑斯山的風采。

博物館展示巴伐利亞王室歷史，和富森著名的魯特琴工業。

④ 高地城堡 Hohes Schloss

在聖曼修道院對面的高地城堡，屬晚期哥德式風格。這座城堡最特別之處，就是運用繪畫技巧讓人產生錯覺。仔細看城堡的窗戶、磚塊、門側裝飾，都是畫上去的，但遠看具有立體感，令人難以分辨。

▲ P.74 🚶 從富森火車站步行約6分鐘可達 🏠 Magnusplatz 10, Füssen ☎ (0)83 6290-3143 🕐 4~10月週二至週日11:00~17:00、11~3月週五至週日13:00~16:00。 💲 成人€6 🌐 www.stadt-fuessen.de

城堡目前是巴伐利亞美術館

連牆壁上的鐘也是用畫的，其上有一日晷，利用太陽光照射所產生的影子，可顯示目前時間！

③ 聖曼修道院及富森博物館 Museum der Stadt Füssen im ehem Kloster St. Mang

840年，奧格斯堡主教將這裡改為聖曼修道院，在18世紀時又改建成巴洛克式建築。目前修道院是富森博物館。

館中還有一座聖安娜小教堂展示《死亡之舞》(Totentanz)畫作，在這20幅小畫中，有社會各階層的骨骸模樣，描繪了14、15世紀黑死病重創歐洲的情景，傳達死亡是不分善惡、貧富的。

這裡除了陳列每位國王的肖像外，還有路德維希二世預計建造的第4座城堡模型──鷹石山城堡(Schloss Falkenstein)及中國城堡的構想圖等等。

▲ P.74 🚶 從富森火車站步行約7分鐘可達 🏠 Lechhalde 3 ☎ (0)83 6290-3143 🕐 4~10月週二至週日11:00~16:00、11~3月週五至週日13:00~15:00。 💲 成人€6、優待票€5。 🌐 www.stadt-fuessen.de

早上出發晚上回來，
也可留宿一夜時間更充裕

＼推薦2／

距離慕尼黑

位於慕尼黑東南方
距離約80公里

總路程

約2小時

同場加映：離開慕尼黑的周邊小旅行

赫蓮基姆湖宮是路德維希二世生前建造的最後一個、也是造價最高昂的宮殿。

 MAP P.73

赫蓮基姆湖宮
Schloß Herrenchiemsee

如何前往

從慕尼黑每小時有1~2班火車直達普林(Prien am Chiemsee)，車程約1小時。在普林車站有接駁小火車前往Stock碼頭(僅夏季運行，冬季需步行約30分鐘)，再從碼頭搭船到男人島(Herreninsel)。火車＋船票來回，成人€13.4、優待票€6.7。到島上時可選擇搭乘觀光馬車或步行前往宮殿。
☎(0)8051 688-7900 ⏰4月~10月9:00~18:00、11月~3月10:00~16:45。 💰宮殿、博物館及修道院的聯票成人€11、優待票€10。

🌐www.herrenchiemsee.de

路德維希二世認為路易十四是君主政治的代表，也從書籍中研究他在位時的歷史，因此赫蓮基姆湖宮對路德維希二世來說，是一個君主體制的紀念碑，其意義更甚居住目的。1885年秋天，國王曾住過宮殿9天，但在他離奇溺斃後，整個工程跟著停止，宮中至今仍可見未完成部分。

 參觀宮殿需參加導覽團，英文導覽場次有限，建議事先上官網預約。

當天來回 OR 兩天一夜

進入宮殿，首先來到的是階梯廳堂，此處是依凡爾賽宮著名的使節樓梯而建，牆上彩色大理石柱及白色的人像雕刻，配上水晶吊燈，非常富麗堂皇。

 售票處在碼頭

搭船到男人島後，售票處就在碼頭上，記得趕緊把票買好，因為這是唯一的售票處。從碼頭走到宮殿約20分鐘。

自1874年國王參觀過法國凡爾賽宮後，便決定在男人島上興建一座德國的凡爾賽宮；到這個宮殿唯一方式是搭船，也讓他更能遠離塵囂。

Highlights：在赫蓮基姆湖宮，你可以看～

1 鏡廳

基姆湖宮複製了凡爾賽宮的鏡廳，連接了戰爭廳及和平廳，同樣有著17扇窗。其鏡廳的吊燈共需2,000支蠟燭。這個鏡廳曾舉辦過一場音樂會，可惜因燃燒的蠟燭破壞了鏡廳的內部裝潢，後來就停止了這類活動。

2 國王寢室

國王的居住所，主寢室比凡爾賽宮原本的設計還要奢豪。王宮寢室最著名的裝飾，就是描繪路易十四固定在早晨及傍晚時所舉行的謁見儀式。可惜的是，這華麗的房間，路德維希二世卻沒使用過。

同場加映：離開慕尼黑的周邊小旅行

早上出發晚上回來，
也可留宿一夜時間更充裕

整個宮殿中最大的房間就是寢室，藍天鵝絨床及108支蠟燭的水晶燈，看起來富麗堂皇。

\ 推薦3 /

距離慕尼黑
位於慕尼黑西南方距離約90公里

總路程
約2.5小時

往上爬到宮殿對面的小涼亭上，可將花園及宮殿盡入眼簾。

MAP P.73

林德霍夫宮
Schloß Linderhof

如何前往

從慕尼黑可搭RB前往歐博阿瑪高(Oberammergau)，中途需在Murnau轉車，車程將近2小時；從富森車站可搭乘巴士直達歐博阿瑪高郵局／車站，車程約1.5小時。從歐博阿瑪高火車站轉乘Bus 9622，到Linderhof Schloß站即抵，車程約25分鐘。

🏠Linderhof 12, Ettal

☎(0)8822 920-30

🕐4～10月中9:00~18:00、10月中~3月10:00~16:30。

💲夏季成人€10，冬季時€9。

🌐schlosslinderhof.de/

　　路德維希二世非常崇拜路易十四，在兩次造訪巴黎並參觀過凡爾賽宮後，便打算在自己的家鄉著手仿造，於是有了後來的林德霍夫宮及赫蓮基姆湖宮。林德霍夫宮1878年竣工，是唯一國王在世時完成並居住過的宮殿。

　　值得一提的是，宮中花園的摩爾人亭，金黃色圓頂十分吸睛。內部裝潢用色搶眼奢華，配上噴泉、煙霧及咖啡桌，還有屋內正前方3隻上了彩釉的孔雀，都讓人見識到國王獨具的美感天分。

🔊 需參加導覽團，行程25分鐘。

Did YOU KnoW

當時就有暖氣了，好先進！

這裡在當時使用了先進的技術，例如維納斯洞窟裡的電力來源，是由遠處的24個發電機所製造，這是巴伐利亞最早使用的發電機之一；在舞台畫作後方就是燃燒柴火之地，產生的熱氣再送至洞中，猶如現在的暖氣。

Highlights：在林德霍夫宮，你可以看～

① 魔法餐桌

餐廳可看到國王不喜與人接觸的一面，那裡有張「魔法餐桌」，僕人在1樓將餐點準備好後放到餐桌上，再由特製機器升到2樓，接著地板自動合上，國王便可獨自用餐，不受任何人打擾。

② 維納斯洞窟

想一睹華格納歌劇，就不能錯過維納斯洞窟。這個位於後方花園裡的人造鐘乳石洞窟，池中有艘華麗小船，池後畫作描繪的是唐懷瑟在維納斯懷中，整個布景重現了歌劇《唐懷瑟》的場景。

Did YOU KnoW

既是童話國王也是瘋子國王

路德維希二世

在童話國王路德維希二世的童年生活中，母后常帶他和弟弟一同散步山林田野間，養成他也喜歡徜徉山林。

後來國王廣建城堡時，就特別鍾情這座位於山野間的林德霍夫宮，他不愛住在慕尼黑的皇宮，反而喜歡居住於此；在這裡他不接見任何訪客，只要前門聽見有大臣要覲見，後腳就從邊門落跑；這座宮殿是他隱藏其孤寂心靈的蝸居所。

這位童話國王心靈是如此離群索居，但世人不解其思，看他不理政事、不問情愛，鎮日埋首藝術音樂與建築大計，所以私下還以瘋子國王稱之。

同場加映：離開慕尼黑的周邊小旅行

推薦4
距離慕尼黑
位於慕尼黑西南方
距離約100公里
總路程
2小時

終年白雪靄靄的楚格峰，像是蒙了層神秘面紗。

MAP
P.73

楚格峰
Zugspitze

如何前往

從慕尼黑可搭RB直達迦米許-帕滕基興(Garmisch-Partenkirchen)，車程約1.5小時；從迦米許-帕滕基興火車站對面的楚格峰齒輪軌道車站，搭乘齒輪軌道車約1小時14分鐘可抵達山頂；或是搭乘齒輪軌道車至艾比湖(車程30分鐘)，再換搭纜車至山頂，約10分鐘可達。

☎ (0)8821 7970

🕐 齒輪軌道車從迦米許上行首班8:15、末班14:15；從楚格峰下行首班9:30、末班16:30，每小時一班；9~6月8:30~16:45，7~8月8:00~17:45，每半小時至少一班。

🌐 www.zugspitze.de

💲 冬季：成人€62，16~18歲€49.5，6~15歲€31；夏季：成人€72，16~18歲€57.5，6~15歲€36

位於德南阿爾卑斯山系的楚格峰，海拔2,964公尺，是德國第一高峰。

楚格峰山腰約2,600公尺處的廣大平台，被稱為楚格峰平台(Zugspitzplatt)，乃是德國唯一保有冰河之地，終年積雪不退，為德國地勢最高的滑雪勝地。

在楚格峰上，不但可飽覽阿爾卑斯山脈全景，更可遙望奧、義、瑞、德境內山巒景色。而楚格峰下的艾比湖(Eibsee)標高1,000公尺，背倚山峰、身擁山林，湖水清靜如鏡，天然之美教人難忘！

出發！航向
羅曼蒂克大道的偉大航道

如何到達

　　儘管德國鐵路網以綿密著稱，卻無法串連起這條路線，若是沒有開車的話，最方便的方式就是搭乘4到10月間營運的羅曼蒂克大道專車。

　　建議可先經由德鐵抵達奧格斯堡、符茲堡或羅騰堡，再轉搭乘羅曼蒂克大道專車。

火車
◎奧格斯堡中央車站
⊕86150, Augsburg
◎符茲堡中央車站
⊕97070, Würzburg,
◎羅騰堡中央車站
⊕91541 Rothenburg ob der Tauber.

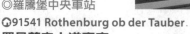

羅曼蒂克大道專車
Romantische Strasse Europabus

　　若想從頭到尾把羅曼蒂克大道走一遍，不妨利用每年4~10月間營運的羅曼蒂克大道專車。這條德國最古老的長途巴士路線，路線距離非常長，將浪漫之路與法蘭克福和慕尼黑等大都市連接起來，2024年將路線分為兩段，A路線為法蘭克福往返羅騰堡，B路線為羅騰堡往返慕尼黑，出發的日期也依不同月份調整為週三、週六、週日發車，班次詳情請見官網。

　　當行程日期確定後，建議就在官網上購票，首先選定出發的起站，再看最遠打算玩到哪裡，一站站玩下去，真的可以把羅曼蒂克大道完全玩遍。

◎羅曼蒂克大道旅遊聯營公司
☎(0)9581-551-387
🌐www.romantischestrasse.de
◎羅曼蒂克大道專車
🌐www.romanticroadcoach.de

羅曼蒂克大道
行前教育懶人包

關於羅曼蒂克大道的住宿

奧格斯堡和符茲堡的老城區離中央車站都約15~20分鐘的步行距離，住宿選在中間會非常方便，符茲堡的美因河東岸也有民宿、旅館可作選擇，這裡

可以享受窗外的美因河畔的美景。

羅騰堡的中央車站位於古城外，但距離僅5分鐘路程，因此住在古城裡是最佳選擇。

觀光優惠票券好用嗎？

目前僅有符茲堡推出優惠卡。

符茲堡歡迎卡 Würzburg Welcome Card

出示歡迎卡，於參觀各大景點、博物館，或報名各類型導覽行程時，可享有折扣。在遊客中心商店購物，及指定餐廳消費，也有各種優惠。效期為3天。

- ⬆可在遊客中心購買
- Ⓢ€5

每張€5就可享有許多折扣，如果打算停留在符茲堡久一點的人，非常建議購買。

遊客中心在哪裡？

◎奧格斯堡市政廳遊客中心

🄰am Rathausplatz 1 ☏(0)821 502-070

⬇4~10月及聖誕市集期間：平日8:30~17:30，週六10:00~17:00，週日10:00~15:00。11~3月平日9:00~17:00，週六10:00~17:00

🄼www.augsburg-tourismus.de

◎符茲堡Falkenhaus am Markt遊客中心

🄰Marktplatz 9

☏(0)931 372-398

⬇平日10:00~18:00 (11~4月除週四外皆至16:00)，週末10:00~14:00

🄷11~4月的週日

🄼www.wuerzburg.de

其他旅遊相關資訊
氣候

巴伐利亞邦屬溫帶大陸性溼潤氣候，冬季寒冷，夏季不熱，但日夜溫差較大。迎風坡常有突發性的暴雨，山背處也偶有焚風出現。1月均溫約零下2.2℃，7月均溫17.3℃，年雨量600~1400mm。但羅曼蒂克大道所在之處位於巴伐利亞邦、黑森邦與巴登符騰堡邦的交界處，因此受西風帶影響，氣候較巴伐利亞其他地區更為溫和濕潤。

📖 巴伐利亞的古老舞蹈—擊鞋舞

歷史悠久的巴伐利亞，擁有豐富的風土民情，如男性們所跳的傳統擊鞋舞(Schuhplattler)，是迄今保留最古老的歐洲舞蹈，最早的紀錄可以追溯到1050年一個修士所寫的詩作中。自古擊鞋舞是年輕小夥子向少女表達愛慕的傳統舞蹈，為贏取芳心，男士們必須具備堅持的力量、靈敏的節奏、靈活的身體、勇氣與毅力等。現今，做為傳統舞蹈的擊鞋舞，常是節慶的表演活動，看著男性們順著節拍，以手拍擊鞋子的各種動作，啪啪作響，卻又令人目不暇給，讓人很佩服其身體節奏的力與美。

巴伐利亞人最健康、最長壽

巴伐利亞素有好山好水之稱，德國人度假當然也愛往巴伐利亞跑，其清澈的泉水孕育了眾多的啤酒館，南邊的阿爾卑斯山區更是登山健行的勝地。居住在巴伐利亞的人民，據研究平均壽命是比德國其他州的人來得長，同時也是最健康的。約從上世紀60年代開始，人民的平均壽命就高出全德國的平均水平，引人羨慕。

羅曼蒂克大道地區節慶日曆

日期	節慶	備註
1月1日	元旦(Neujahr)	國定假日
1月6日	三皇朝聖(Heilige Drei Könige)	記念東方三聖人，僅巴登符騰堡邦、巴伐利亞、薩克森安哈爾特三個邦放假
復活節前的週五	受難節(Karfreitag)	國定假日
復活節後的週一	復活節後週一(Ostermontag)	國定假日
5月1日	國際勞動節(Tag der Arbeit)	國定假日
從復活節算起第40天	耶穌升天節(Christi Himmelfahrt)	國定假日
耶穌升天節後第10天	聖靈降臨節(Pfingstmontag)	國定假日
6月	聖體節(Fronleichnam)	天主聖三節後的星期四，通常在6月，巴登符騰堡邦、巴伐利亞邦、埃森邦、北威邦、萊茵普法爾茨邦、薩爾邦共6個邦放假。
8月9日	奧格斯堡和平節(Augsburger Hohes Friedensfest)	紀念《西伐利亞合約》結束了30年戰爭對新教徒的迫害。
8月15日	聖母昇天日(Mariä Himmelfahrt)	僅薩爾、巴伐利亞兩邦放假
9月1日	羅騰堡帝國城市節(Reichsstadttage)	9月初持續三天，人們會上街慶祝，並會有煙火表演。
10月3日	國慶日(Tag der Deutschen Einheit)	國定假日
12月24日	平安夜(Heiligabend)	中午起百貨、超市、餐廳、公司行號等陸續關門放假。
12月25至26日	聖誕節	國定假日

羅曼蒂克大道
Romantische Straße

城堡‧宮殿‧森林‧中世紀城鎮，置身在真正的童話世界裡！

符茲堡Würzburg
羅騰堡Rothenburg
ob der Tauber
奧格斯堡Augsburg

富森
Füssen

羅曼蒂克大道堪稱德國最經典的旅遊路線，1950年代，政府為了促進德國南部觀光發展，特別結合26個城鎮，自美因河畔的符茲堡，經中古風情的克雷林根、羅騰堡、汀特斯比爾、諾得林根、奧格斯堡後，延伸到阿爾卑斯山北麓的修瓦高與富森，連成一條長達350公里的觀光大道。

一路行來，典雅寧靜的老城區，悠閒淳樸的田園景色，使得這段路線格外引人入勝，名列世界遺產的符茲堡主教宮，與最夢幻浪漫的新、舊天鵝堡，也正是座落在這條大道上。沿途的綺麗風光綿延成令人魂牽夢縈的繽紛圖畫，讓羅曼蒂克大道的美名增添更多浪漫與傳奇色彩！

符茲堡
見P.104

巴特根特姆
Bad Mergentheim

克雷林根
Creglingen

魏克斯海姆
Weikersheim

羅騰堡
見P.96

福伊希特萬根
Feuchtwangen

汀特斯比爾
Dinkelsbühl

諾得林根
Nördlingen

奧格斯堡
見P.88

蘭斯貝爾格
Landsberg am Lech

修瓦高
Schwangau

富森
Füssen

新天鵝堡
見P.74

在德國最綠的城市，
聽歐洲富豪的好心腸故事～

王牌景點 **1**

羅曼蒂克大道：奧格斯堡

MAP
P.87,
90

奧格斯堡
Augsburg

　　奧格斯堡是巴伐利亞邦最古老的城市，同時也是德國第二古城，古羅馬人自公元前15年即在這裡建城，即使時至今日仍然可以看到許多羅馬時代的建築。這裡一度是歐洲的金融重鎮，擁有許多財閥，街道上也不乏富豪宅第，而其中最難能可貴的是富格爾(Fugger)家族，他們在此建造世界上最早的貧民住宅區，且至今仍在運作中。

◎火車：從慕尼黑直達奧格斯堡中央車站的火車，班次非常密集。搭乘IC或ICE，車程約30分鐘；搭乘RE，車程約45分鐘。出火車站沿Bahnhofstr.往東步行約500公尺，即達老城區的Königplatz；或是在站前搭乘有軌電車Tram 3、4、6號，往東一站便是Königplatz。
◎專車：搭羅曼蒂克大道專車到奧格斯堡，須在Donauwörth下車，再自Donauwörth轉乘德鐵列車到奧格斯堡。專車的詳細班次請見官網，🚌www.romanticroadcoach.de

造訪奧格斯堡理由

① 德國第二古城

② 參觀最早的社會住宅

③ 德國綠化最成功的城市

怎麼玩才聰明？

請勿打擾

富格爾之家的運作模式維持到今日，但遊客越來越多，有些人甚至會誤觸門鈴，讓有些居民不勝其擾。所以參觀時小心不要**影響到居民生活**。

↓

小黃金廳

小黃金廳只有在**沒有表演時才開放參觀**，想入內欣賞華麗的廳堂，可先上網查看裡頭是否有活動，才不會白跑一趟！

奧格斯堡總面積的1/3是綠地和森林，是德國綠化程度最高的城市之一。

至少預留時間
正常參觀
2小時
每個景點
都仔細停留
3~5小時

8月8日不是父親節！

咦？8月8日不是台灣的父親節嗎？對奧格斯堡人來說，8月8日是另一個特殊的日子！在歷史上1648年的這天，一紙《西伐利亞合約》結束了30年戰爭對新教徒的迫害，於是每年8月8日就成為當地的「奧格斯堡和平節」。

富格爾的雕像，富格爾家族回饋家鄉的故事值得大家學習。

羅曼蒂克大道：奧格斯堡

Did YOU KnoW

德國我最綠！

為推廣綠色且宜居的歐洲城鎮，歐洲花卉園林協會(AEFP)每年都會舉辦「Entente Florale Europe」這個國際賽事，1997年，奧格斯堡是德國第一座獲

得此殊榮的城市。奧格斯堡不僅大量綠化，鄰近還有佔地超過1,000平方公里的奧格斯堡西部森林自然公園(Augsburg Western Woods Nature Park)，難怪來此觀光旅遊，總令人身心舒暢。

奧格斯堡市區

◉景點 ✝教堂 Ⅱ飯店 �🏛博物館
🏛政府機關 ❶遊客服務中心

莫札特故居 Mozarthaus
小黃金廳 Kleiner Goldener Saal ◉
奧格斯堡大教堂 Augsburger Dom ✝
馬克希米連博物館 Maximilian-Museum
聖安娜教堂 St. Anna Kirche ✝
市政廳與黃金廳 Rathaus und Goldener Saal
富格爾之家 Fuggerei ◉
榭茲拉宮 Schaezler-Palais
Ibis Ⅱ
往中央車站

叫我第一名！

奧格斯堡不僅是德國第一座拿下綠色城市的地方，還有許多世界第一的發明在這裡：

1. 德國科學家、工程師及商人林德(Carl von Linde)，在1879年研發出第一台家用冰箱，而他創立的林德集團(The Linde Group)，至今仍是全球工業氣體巨擘。

2. 德國工程師Rudolf Diesel在1892~1893年間發明內燃引擎，之後以此為基礎，研發出以他命名的柴油發動機(Diesel Engine)。有趣的是，在1900年展示一台小柴油發動機時，使用的是花生油，而且運作得相當好。

3. 德國飛機設計家、製造家與商人Willy Messerschm，為飛機設計的先驅，他研發出多架對二戰影響深遠的飛機，德國過去知名飛機製造商Messerschmitt A，甚至以他命名，並邀請他擔任主要設計師。

老城範圍不大，可步行走遍全城。市區有輕軌電車(Tram)和公車，可上車直接跟司機買票，或在路旁的自動售票機購買。

👆有此一說～

這些名字都是在喊奧格斯堡

奧格斯堡因富格爾之家，有「富格爾城」之稱，但你知道嗎？它還有一個可愛的暱稱——「李子堡」；原來德國有一種傳統甜點「Zwetschgendatschi」是用李子製成的，其形狀有方有圓，上面可再灑上糖粉與奶油。這種源自19世紀的美食，據說就出自奧格斯堡。而緊鄰德國的奧地利、瑞士一帶也有這種甜點，只是在各地稱呼都不同。

誰說有錢人不會回饋社會，世上最早的社會福利機構在這裡！

昔日這裡共可居住167戶人家，一年租金大約是現在的1歐元。一開始由一家人居住，後來演變為老人社區。

在路上看到有人這樣打扮可別太驚訝，這就是奧格斯堡的傳統服飾。

每戶人家外面，都有著不同形狀的金屬手把或裝飾，這是讓夜歸人能夠藉以辨識自家家門的方法。

MAP P.90 富格爾之家
Fuggerei

如何前往
搭乘Tram 1至Fuggerei站

info
📍Fuggerei 56
☎(0)821 3198-8114
🕐4~9月8:00~20:00、10~3月9:00~18:00。
💶成人€8、學生及長者€7，8~17歲€4 (門票含博物館、二次大戰防空洞)。
🌐www.fugger.de

　　由富人富格爾家族於1516年所建的富格爾之家，是世上最早的社會福利機構，專門提供給信奉天主教的貧窮市民居住。

　　除了住家，裡頭還有富格爾之家博物館，展示住戶的內部陳設，廚房、臥室、客廳等一應俱全。目前富格爾之家居住的大部分是老人。

由於參觀的遊客眾多，住家多用窗簾將窗戶遮蓋住，參觀時請注意不要打擾到住戶的生活。

 **有此一說~**

祈禱也是租金的一部分
聽說住在這裡的居民，每天都要為富格爾和捐贈者祈禱3次，也算是一種義務租金。

 曾經好有錢——富格爾家族

富格爾家族15世紀由漢斯·富格爾靠著紡織業在奧格斯堡發跡，累積財富後，藉由向貴族放款借貸賺取利息並取得土地，又投入海外貿易，開採貴重金屬，到了16世紀已取代美地奇家族的地位，可說是富可敵國。直到16世紀下半葉，因南美洲的白銀大量流入市場掀起貨幣大貶值，加上當初借錢給西班牙國王腓力三世，國王後來宣告破產拒絕還錢，這些都拖累了富格爾家族，從此就漸漸沒落了。

富格爾

誰有入場券？
想進入富格爾之家的人都必需符合四項標準：好名聲、無犯罪紀錄、奧格斯堡的市民，和有福利機構證明他們是貧窮的。

市政廳是觀光客遊覽這座城市最佳起點。

市政廳與黃金廳
Rathaus und Goldener Saal

如何前往
◎從火車站步行約15分鐘可達
◎可搭乘Tram 1、2至Rathausplatz站，步行約1分鐘可達。

info
⊕Rathausplatz
◔黃金廳10:00~18:00。逢活動或特殊慶典時不對外開放。
＄黃金廳成人€2.5、優惠票€1。
❶市政廳高塔整修中。

　　奧格斯堡市政廳建於1615~1620年，出自在奧格斯堡出生的德國名建築師埃利斯·霍爾(Elias Holl)之手，是文藝復興時期規模最大的哥德式建築。在市政廳的1樓，展示著舊時奧格斯堡模型，3樓有一間黃金廳(Goldener Saal)，也吸引不少遊客參觀。一旁的高塔(Perlachturm)則歡迎遊客登塔，將整個城市景致盡收眼底。

黃金廳以內部金碧輝煌的天頂壁畫及建築裝飾聞名。

清晨時分，可聽見高塔傳來悠悠鐘聲，彷彿在讚頌著這座兩千多年的古城，至今仍昂然而立。

因為有極高的歷史文化價值，而受到海牙公約保護的市政廳，建築有兩項重要象徵，市政廳上的雙頭鷹標誌，是哈布斯堡家族的象徵；另一是頂上的「銅松果」，是奧格斯堡的市徽。

Did YOU Know

自己的市政廳自己救！

和德國大部分城市一樣，奧格斯堡在二戰中也受到嚴重破壞。其中，市政廳的重建要價不斐，因此直到2000年過後才完成重建，總共花了幾百萬歐元。而這龐大數字全是由奧格斯堡市民和企業自掏腰包而來！看來這座城市市民的社會責任感是模範中的模範！

繪於14世紀初的古老壁畫是這裡重要的文化遺產。

教堂內的聖壇。

聖安娜教堂
St. Anna Kirche

MAP P.90

如何前往

從火車站向東沿Bahnhofstraße步行約10分鐘可達

info

📍Im Annahof 2

🕐週一12:00~17:00，週二至週六10:00~17:00，週日10:00~12:30、14:00~16:00

🌐www.st-anna-augsburg.de

　　教堂內的加爾默羅修道院(Carmelite Monastery)，因為馬丁·路德(Martin Luther)待過而聞名。1518年，他在和羅馬教宗對抗時，曾在此短暫停留，直到與羅馬教宗派來的人員交涉失敗後，才於10月20號趁夜逃離奧格斯堡，如今在修道院內仍可看到他的畫像。教堂內還有富格爾家族的基所禮拜堂，而這個禮拜堂也是德國第一個文藝復興式的建築。

這裡提供免費導覽行程，時間為每日15:00。

📖 馬丁·路德何許人也

馬丁路德出生於Eisleben小城，因修士的身分來到維騰堡(Wittenberg)這個地方研習神學，15、16世紀時，由於教會日益腐敗，利用人民對宗教的熱忱，來維持其浪費的生活方式並興建華麗的教堂，甚至要信徒購買贖罪券以赦免自身的罪行，以致於不斷有神學家批評教會的作風。1517年，馬丁·路德率先在維騰堡的宮殿教堂門上釘上「九十五條論綱」，公開向天主教會挑戰，強調「因信得救」，否定了教宗及教會的權威，因而引發宗教革命，教會也一分為二，分為天主教派及新教派，間接引發了後來的三十年戰爭。

馬丁·路德

而馬丁·路德在文化上的貢獻，則包括重新翻譯聖經，也造成了日耳曼方言的整合，標準高地德語(High German)就此誕生。

成功男人背後的推手竟然是他？！

克洛納赫

2017年是馬丁·路德宗教改革500週年紀念，在百年前人民多數不識字的情況下，馬丁·路德的理念如何傳播呢？這就要歸功來自維騰堡的克洛納赫(Lucas Cranach d.Ä.)，他擅於繪製馬丁·路德夫婦的畫像，當時夫婦倆的畫像都是由其工作室生產的。宗教改革後，人民視馬丁·路德視為聖人，人人都想要他的畫像，於是克洛納赫就開始量產馬丁·路德的版畫，超過幾百張馬丁·路德從年輕到老的畫像，一張張送到新教徒們的手中，讓他的形象迅速在全歐流傳開來。

羅曼蒂克大道：奧格斯堡

莫札特故居
Mozarthaus
MAP P.90

館內展出莫札特的樂譜、家族譜、他在當時受到的報導，及使用過的樂器等。

如何前往
搭乘Tram 2至Mozarthaus站
info
⊙Frauentorstraße 30　☎(0)821 6507-1380
🕙10:00~17:00　🚫週一　💰成人€6、優待票€5，
10歲以下兒童免費。　🌐www.kunstsammlungen-museen.augsburg.de

　曾經住在這棟16、17世紀中產階級建築裡的莫札特，並不是我們所熟知的那位「音樂神童」阿瑪迪斯，而是他的父親李奧波德‧莫札特(Leopold Mozart)。今日，奧格斯堡將李奧波德的出生地闢為博物館，館內並有語音導覽，讓遊客能更親近音樂神童家族的生活情形。

📖 有老莫札特才有今日的音樂神童

老莫札特

莫札特的父親——李奧波德‧莫札特是一位宮廷音樂家，他離開奧格斯堡後，便在薩爾斯堡大主教教廷交響樂團中演奏。後來兒子阿瑪迪斯出生，李奧波德在其很小的時候就發現他的音樂天分而極力栽培，並將他帶到歐洲各國尋找機會，而後大放異彩。

榭茲拉宮
Schaezlerpalais
MAP P.90

如何前往
從火車站向東步行約14分鐘可達
info
⊙Maximilianstraße 46　☎(0)821 324-4102
🕙10:00~17:00　🚫週一　💰成人€7，優待票€5.5，10歲以下兒童免費。　🌐www.kunstsammlungen-museen.augsburg.de

　榭茲拉宮建於1765~1770年間，當初的擁有者因為孩子死於第二次世界大戰，家族後繼無人，於1958年由政府接手管理，其中一部分被改為德國巴洛克美術館。

　宅邸內無數華麗的房間炫耀著主人的財富；巴洛克美術館則展示著1600~1800年間，巴洛克及洛可可風格的畫作，裡面還有知名藝術家如杜勒(Albrecht Dürer)、荷爾拜因(Hans Holbein the Younger)等人的作品。

這裡原本是銀行家里耶班霍芬(Liebert von Liebenhofen)的宅第。1821年時被富豪榭茲拉爵士(Baron Johann Lorenz Schaezler)購得，後來才歸政府所有。

馬克希米連博物館
Maximilianmuseum
MAP P.90

如何前往
從火車站向東步行約12分鐘可達
info
⊙Fuggerplatz 1　☎(0)821 324-4102
🕙10:00~17:00　🚫週一
💰成人€7、優待票€5.5，10歲以下兒童免費。
🌐www.kunstsammlungen-museen.augsburg.de
❗可免費租用英文語音導覽

　這是棟建於1546年的貴族住宅，現在改闢為博物館，館內有30多間展廳，展示城市有趣的歷史及著名雕塑品、裝飾藝術等。

　博物館的一旁設有咖啡廳，夏季時可坐在露天座位，景致十分優美。

館內最具代表性的便是15、16世紀時由奧格斯堡的雕刻大師們所創作的金器、銀器作品。

羅曼蒂克大道：奧格斯堡

奧格斯堡大教堂
Augsburger Dom

MAP P.90

如何前往
搭乘Tram 2至Dom/Stadtwerke站。

info
📍Frauentorstraße 1
🕐每日7:00~18:00
💰免費
⚠️禮拜期間不開放參觀

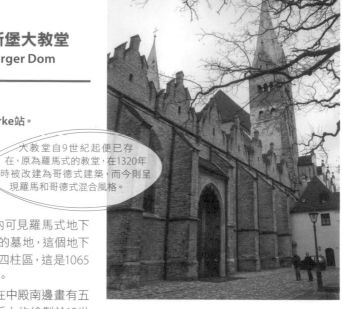

大教堂自9世紀起便已存在，原為羅馬式的教堂，在1320年時被改建為哥德式建築，而今則呈現羅馬和哥德式混合風格。

　　建於9世紀的大教堂，入內可見羅馬式地下室，這裡原是奧格斯堡主教的墓地，這個地下室最古老的部分就是西邊的四柱區，這是1065年時原始教堂建築的一部分。

　　而大教堂中最有名的，是在中殿南邊畫有五位先知的彩繪窗戶，這些窗戶大約繪製於12世紀中葉，是神聖羅馬帝國初期的無價之寶，也是世上最古老的彩繪玻璃窗。

🔊 經過大教堂前，還可看到從這地方出土的羅馬時代遺址，也很有看點！

古老的彩繪玻璃窗，上面畫的是《舊約》中的先知。

教堂前展出羅馬時代的文物，最上面的石雕是不是很眼熟？沒錯，它就是奧格斯堡的市徽──「銅松果」，在這城市旅遊你會經常看到它！

小黃金廳
Kleiner Goldener Saal

MAP P.90

如何前往
搭乘Tram 2至Mozarthaus站。

info
📍Jesuitengasse 12
☎(0)821 324-3251
🕐週五至週日10:00~17:00
💰成人€1

　　建於18世紀中葉的小黃金廳，原是耶穌會的財產，取名為小黃金廳是為了和市政廳內的黃金廳做區隔。仔細看小黃金廳內的雕刻，不難發現設計師在建築上做了些幽默設計，有許多精彩的小細節。小黃金廳目前做為音樂廳及演講廳之用，只有在沒有表演時才開放參觀。

富麗堂皇的廳內，有著佑大的屋頂壁畫，在許多細節上雕梁畫棟、鑲金或鍍金，呈現出典型的洛可可風格。

屋頂壁畫的涵義是聖母瑪麗亞宣告耶穌的誕生，給世人帶來了光明。

在廳堂正前方左邊的門上，竟有隻小老鼠在上方！

照片不夠放了啊！
百分百浪漫童話小鎮，美麗影像拍不完！

羅曼蒂克大道：羅騰堡

造訪羅騰堡理由

1 號稱德國最夢幻的小鎮

2 保存良好的中世紀面貌

3 沒城堡沒關係，古城美景一樣讓你驚呼連連！

4 體驗德國鄉村純樸、悠閒的風情。

👁 MAP P.87, 98

羅騰堡
Rothenburg ob der Tauber

常古堡大道由西向東延伸時，恰好在羅騰堡上與羅曼蒂克大道相接，既然是古堡大道上的古城，那就一定要有城堡蹤影，可惜羅騰堡雖然老街古屋依舊，城堡芳蹤卻已渺然。

即便如此，來此仍然可以走訪大街小巷，細細品味這浪漫的歷史古城，將會發現隨處都是景點和驚喜！也可順便參觀數座博物館，一樣令人回味無窮。

城內很多建築保存了中世紀的原貌。

◎火車：從法蘭克福到羅騰堡需轉2趟車，先搭ICE至符茲堡，轉乘RB至Steinach (b Rothenburg o.d. Tauber) 站，再轉一班RB到羅騰堡，總車程約2.5~3小時；若從慕尼黑出發，則需轉2~3班車，總車程約2.5~3.5小時。出火車站後向左，走Bahnhofstr.，再右轉Ansbacher Str.，約450公尺即達羅德城門(Rödertor)。羅騰堡老城區範圍不大，可用步行方式走遍。

◎羅曼蒂克大道專車：2024年將路線分為兩段，A路線為法蘭克福往返羅騰堡，B路線為羅騰堡往返慕尼黑，出發的日期也依不同月份調整為週三、週六、週日發車，班次詳情請見官網。🚌 www.romanticroadcoach.de

來到羅騰堡可以不必為尋訪城堡而來，單就遊玩古城而言就夠精采豐富了。

怎麼玩才聰明？

步行

古城範圍不大，開車並不方便，最適合**全程步行**。

人氣拍照點

從市政廳沿Markt向南走約300公尺會抵達Plönlein，這個小廣場是**最受歡迎拍照**地點，大部分羅騰堡的**明信片**都出自這裡！

傳統點心

Schneeballenträume(雪球) 是一種德式點心，在這種小城可吃到很道地的味道。

夜巡人導覽

由中古世紀的**夜巡人帶你夜遊羅騰堡**！2024年每天20:00出發，成人€9、優待票€4.5，之後時間調整會公布在羅騰堡官網：www.rothenburg.de。

市政廳登塔

如要上市政廳塔頂看風景，要特別注意**通道極為狹窄**，在最後登塔時需等待上面的遊客下來，方能進入參觀。

至少預留時間
古城巡禮
2小時
認真走訪景點
和博物館
3~5小時

🔊 羅騰堡鬧雙胞，搭火車可別搭錯啊！
德國有2處取名為「羅騰堡」的地方，一處是為在德國東部，火車站名為「Rothenbürg」，而這個為屬於童話小鎮的羅騰堡的火車站名為「Rothenburg ob der Tauber」，兩處距離相當遠，一錯就差很多。

雖然城堡消失，但羅騰堡仍保有中世紀古城風情，完整的城牆城門，石頭街道上是一棟棟童話般屋舍，令人忍不住驚嘆。

可以登上古城牆，沿著城牆繞古城一圈，欣賞城裡城外的景色。

克林根城門及聖沃夫岡教堂
Klingentor und St. Wolfgangskirche

Garni Hornburg

Schrannen-Platz

Weißer Turm 白塔

絞刑城門 Galgentor

羅騰堡博物館 RothenburgMuseum

聖雅各教堂 St.-Jakobs-Kirche
市集廣場Marktplatz

羅德城門 Rödertor

歷史拱廊 Historiengewölbe
Gotisches Haus

市政廳 Rathaus

Hotel-Gasthof Zur Sonne

城堡城門 Burgtor

中世紀犯罪博物館 Mittelalterliches Kriminalmuseum

城堡花園 Burggarten

陶伯河

Goldener Hirsch

雙層橋 Doppelbrücke

N

救濟院行政官邸 Hegereiter Haus

羅騰堡市區圖

◉景點 ✝教堂 🏛博物館 Ｈ飯店
◎公園 🏢政府機關 🅿停車場

救濟院稜堡 Spitalbastei

開車族注意

如果你是開車的話，請特別注意，除非持有老城內旅館的住宿確認單，否則平日19:00至隔日6:00，以及週末全日，老城街道上是禁止私人車輛通行的。在城牆的東面與北面共有五處大型停車場，可以把車停在停車場再徒步進城。

Did YOU KnoW

來羅騰堡記得穿越，年度盛事「皇城節」帶你回到中古世紀！

現在流行穿越，羅騰堡其實早就行之有年！為了紀念過去的輝煌，每年9月的第一個週五到週日，當地會盛大舉辦「皇城節」，這段期間來到羅騰堡，街上人的穿著、景象、表演，都讓人彷彿回到了中古世紀，是具有歷史性的趣味活動。

此外羅騰堡旅遊中心有傍晚的夜巡人(Nachtwächter)導覽活動，跟著夜巡人的腳步，穿梭漫步古城圍牆邊，宛如回到古老的中古世紀！

不用再刻到此一遊，捐個款就可以！

二戰期間，德國大部分城市都受到嚴重破壞，羅騰堡雖幸運被盟軍保留下來，但仍有一些毀損。這裡不像奧格斯堡是個

富裕的地方，無法靠自己重建，因此羅騰堡轉而向外進行募款，並讓捐獻者留名在城牆上。時至今日重建早已完成，募款仍持續進行以做為維護古城的經費。如果你也想在城牆上留名，可上羅騰堡官網上找到詳情。
🌐www.rothenburg.de。

必看重點

走進童話故事裡，別懷疑，中世紀古城真的就長這樣！

市政廳後方建築，是完成於13世紀的哥德式風格；前方則是完成於16世紀文藝復興風格建築。

這時鐘在每天的11:00、15:00、20:00和22:00，兩旁小門會開啟，上演1631年老市長盧修為拯救羅騰堡，而喝下3.25公升葡萄酒的故事。

MAP P.98

市政廳
Rathaus

如何前往
從羅德城門進城後沿Rödergasse向西走，接上Hafengasse繼續向西走，於Markt右轉即可抵達。

info
🔘 Marktplatz
🕐 4~10月9:30~12:30、13:00~17:00，11月及1~3月週六、日12:00~15:00，聖誕市集期間每日11:00~18:00（週五~週日至19:00）
💲 登塔頂成人€2.5

參觀羅騰堡最適合的起點就是在市政廳前的廣場，廣場旁就是遊客中心。廣場牆上時鐘，每天定時上演老市長拯救羅騰堡的故事——當時入侵城內的敵軍將領允諾，若有人能一口氣喝下整杯酒，羅騰堡便可免於受難，結果市長一口氣喝完了酒，讓敵軍將領目瞪口呆，也使羅騰堡免於一劫，為紀念這件事，在羅騰堡還定期舉辦這歷史性一刻的表演。

遊客可登上市政廳最高的塔頂，在這裡便能直接看到全市風景。不過塔頂極為狹窄，在最後登塔時需等待上面的遊客下來，方能進入參觀。

👆 有此一說～

英雄救美！「喬治屠龍雕像噴水池」的傳說

據說這座建於1608年的噴泉，是為了紀念英雄騎士喬治。關於英雄喬治屠龍有多種版本，其中一個傳說是從前有隻經常欺壓百姓的毒龍，每年要求人們以少女向牠獻祭，有天來了一位騎士，殺了毒龍並解救少女，因而被人民敬重。

歷史拱廊
Historiengewölbe
MAP P.98

如何前往
位於市政廳後方建築的內院

info
⌂Lichthof Rathaus
☎(0)9861 867-51
◉3月底～4月10:00～16:00、5～10月9:30~17:30、聖誕市集期間13:00~16:00(週六、日10:00起)。
⑤成人€4、優待票€2
⊕www.meistertrunk.de

進入市政廳後方建築的內院後，彷彿走進另一時空。在裡頭，可參觀羅騰堡的地牢——經過守衛室後再越過一小段地道，就是拷問室及三間牢房，牆上還掛有當時的手銬及刑具。這三間地牢非常陰暗狹小，第一間牢房有假人及當時犯人的生活用品，這間地牢中曾經關著羅騰堡最具權勢的市長陶伯勒(Heinrich Toppler)，他因為打算協助流亡的國王復辟被發現，而被下令收押到這個地牢內，在牢裡度過了3個月後死去，其親人被要求永遠離開羅騰堡。

這座歷史拱廊以三十年戰爭的時代為主題，裡面有當時的士兵鐵甲、槍炮等展示品。

這座是羅騰堡最重要的教堂。

門徒得知有人將出賣耶穌，感到震撼、擔憂，栩栩如生地表現在木刻的臉孔上。

聖雅各教堂
St. Jakobskirche
MAP P.98

如何前往
從市政廳沿Markt向北走，於Kirchpl左轉再走100公尺即可抵達。

info
⌂Klostergasse 15
◉4～10月10:00~18:00，11月及1~3月12:00~15:00，12月10:00~17:00 (週日11:00起)，注意開放時間會變更。
⑤成人3.5、優待票€2

聖雅各教堂自1311年開始修建，教堂內最珍貴的聖血祭壇位於2樓，由大雕刻家提姆·史奈德(Tilman Riemenschneider)製作，祭壇中央刻著《最後的晚餐》，叛徒猶大位於整個故事的中央，有別於其他同主題的作品是將耶穌放於中央的布局。

聖血水晶球

在雕刻的上方十字架內有一個水晶球，據說十字軍從東方歸來後，將耶穌的聖血帶到這裡，市議會就請提姆·史奈德製作聖壇來保存聖血，而聖血就存放在這顆水晶球內，因此不少遊客帶著望遠鏡前來，想一探水晶球中的聖血傳聞是否屬實。

城堡花園
Burggarten

如何前往
從市政廳前沿Herrngasse向東走，出城門即可抵達。

info
💰免費。

出了城堡城門後，便是城堡花園，在羅騰堡的歷史中，是最早建立城堡之處，可惜後來的城堡主人後繼無人，城堡又在大地震中傾毀，當地居民陸續將石材搬走，現在已看不出城堡的身影。

這一片綠地的寧靜花園，植滿了五彩繽紛的花卉，許多人喜歡來此偷得浮生半日閒。

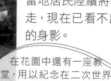

在花園中還有一座教堂，用以紀念在二次世界大戰中陣亡的士兵。

救濟院稜堡與行政官邸
Spitalbastei und Hegereiterhaus

如何前往
從市政廳沿Markt向南走700公尺即可抵達

info
📍Spltalgasse
💰免費

坐落在古時羅騰堡城牆外的救濟院，昔日專門收容貧病及因天黑城門關閉無法進城的旅人，現今依然可見舊時救濟院的模樣。救濟院中有著可愛尖頂造型的房舍，樓上是行政官住所，樓下在當時是醫院廚房。再往裡走，有一個以前是醫院目前是養老院的建築，而這整個獨特的建築群，就位在稜堡旁邊巷子裡。

至今砲口仍舊對著城外，在幽暗光線中，透出石牆滄桑的中世紀歷史痕跡。

羅騰堡最富中世紀風情的莫過於這座稜堡，以及綿延無止盡的城牆。

✝ MAP P.98 克林根城門及聖沃夫岡教堂
Klingentor und St. Wolfgangskirche

如何前往
從市政廳沿Markt向北走,於Klingenschütt左轉再繼續走到底即可抵達。路途約400公尺。

info
🔲 **Klingenbastei**

⏰ 教堂3/2~12/29(12/25、12/26除外)週五、週六、週日10:00~16:30,6/28~9/8 週三、週五、週六、週日10:00~16:30。

💰 成人€4、優待票€3

　在克林根城門上的塔樓,古時被當作水塔使用,提供城內居民用水。

　城門後的建築,從正面和背面看起來截然不同,正對城門的那面是教堂模樣,另一面因為對著城外,為了防禦工事,完全沒有窗戶,只有幾個出槍用的槍眼。連接城外的石橋在過去是木造吊橋,以便在戰時將橋收起,阻止敵人進城。

這間教堂擁有漂亮的祭壇及堅固的防禦設施,這種建築在德國並不多見。

📢 **羅騰堡很早就有供水系統了!**
羅騰堡內有12座噴泉,每座噴泉都由管子連接,當一座噴泉被注滿後,水就沿著管子再流至下一座噴泉,這樣的供水系統早在4、500年前就存在於羅騰堡了。

羅曼蒂克大道:羅騰堡

中世紀犯罪博物館
Mittelalterliches Kriminalmuseum

MAP P.98

中世紀犯罪博物館完整記錄中世紀至19世紀的犯罪刑罰史。

如何前往
從市政廳沿Markt向南走200公尺即可抵達

info
🏛 Burggasse 3-5
☎ (0)9861 5359
⏰ 4~10月10:00~18:00，11月13:00~16:00，12月11:00~16:00，1~3月13:00~16:00，12/24及12/31是10:00~13:00，閉館前45分鐘停止入場。
💰 成人€9、優待票€5~8.5，6歲以下免費。
🌐 www.kriminalmuseum.eu

　中世紀犯罪博物館保存中世紀時期，有關罪犯的文獻資料、拷問及證詞紀錄，還有拷問的教科書和執行的圖片解說。

　其中有一層樓是令人毛骨悚然的死刑室，展示執行死刑的工具及嚴刑拷打的器具。博物館完整且大量的保存這些刑具及文獻紀錄，有些甚至是原始的刑具，由博物館輾轉獲得，可見博物館蒐集並保存的用心。

🔊 **當時人想出懲罰的花樣有多少？**

這間館內展示的刑具及執的行圖示實在很多，而且會很明瞭當時對「犯罪」的定義，像是你會看到懲罰下流男士或饒舌女士的羞辱面具、當妻子出遠門或丈夫不在身邊時使用的女性貞操帶、懲罰不貞婦女的鐵袍、死刑執行者的面具等，還有老師處罰學生的迷你模型，看完後會深深慶幸，自己還好不是生在那個時代的人！

裡頭有一組展現耶穌受難記的珍貴藝術品，是由12幅油畫組成，為1494年時的創作。

這個杯子高度超過一個人的頭，不難理解為何市長喝完後昏睡了3天。

館內仍可看到從中古世紀保留至今的廚房，裡面還有當時修女使用過的鍋子、秤子、瓶罐等用具。

羅騰堡博物館
RothenburgMuseum

MAP P.98

如何前往
從市政廳沿Markt向北走，於Klostergasse向左轉繼續走，於Klosterhof右轉再走100公尺即可抵達。

info
🏛 Klosterhof 5　☎ (0)9861 939-043
⏰ 1~3月13:00~16:00，4~10月10:00~18:00，11~12月14:00~17:00，聖誕市集期間10:00~16:00，12/24~12/31關門。
💰 成人€5、優待票€3~4，6歲以下免費。
🌐 www.rothenburgmuseum.de/

　自1258年起到1544年宗教改革期間為止，這裡一直都是修女的住所，後來改為博物館。目前裡頭除了有歐洲器械展示外，還有許多知名藝術家作品；最有趣的是一個製於1616年的大酒杯，這就是當年盧修市長為了拯救羅騰堡，一口氣喝下3.25公升葡萄酒所使用的大酒杯。

羅曼蒂克大道的 你以為是在欣賞一幅畫？其實你

想要一次感受德國的浪漫古堡、華麗宮殿和唯美教堂，符茲堡無疑是最好的選擇。

羅曼蒂克大道：符茲堡

符茲堡 Würzburg

MAP P.87, 107

符茲堡在第二次世界大戰時受到大規模破壞，經過重建後，成為羅曼蒂克大道的第一站。這裡最重要的景點，有名列世界文化遺產的主教宮。除了一探莊嚴宏偉的瑪麗恩堡要塞可搭公車外，在符茲堡老城區內可步行觀光，沿著美因河畔走到舊美因橋，欣賞河邊的無限風光。最後再沿著教堂街(Domstraße)參觀原建於11、12世紀，德國境內數一數二的羅馬式聖基利安大教堂。

◎火車：從法蘭克福和慕尼黑都有ICE直達符茲堡中央車站，約半小時到1小時就有一班。從法蘭克福車程約1小時出頭，從慕尼黑約2~2.5小時。

◎羅曼蒂克大道專車：2024年將路線分為兩段，A路線為法蘭克福往返羅騰堡，B路線為羅騰堡往返慕尼黑，出發的日期也依不同月份調整為週三、週六、週日發車，班次詳情請見官網，ⓌWWW.romanticroadcoach.de

至少預留時間
古城巡禮
2小時
深度走訪城中景點
3~5小時

造訪符茲堡理由

1 羅曼蒂克大道的起點

2 可欣賞名列世界文化遺產的主教宮

3 宏偉的瑪麗恩堡要塞令人驚豔

怎麼玩才聰明？

瑪麗恩堡要塞

前往瑪麗恩堡要塞走路需要半個小時，但是4～10月可搭乘9號公車至Festung站，一出站就到了。

↓

免費美景

在瑪麗恩堡外就可**免費參觀**到瞭望塔、教堂和水井這3個設施；不一定要買票入內也可坐擁美景。

↓

主教宮導覽

主教宮需由專人導覽才能入內參觀，請先確定主教宮的**導覽梯次**後，再參觀市區其他景點。

羅曼蒂克大道：符茲堡

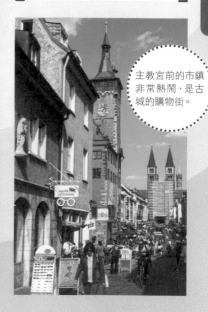

主教宮前的市鎮非常熱鬧，是古城的購物街。

喜歡遊河的人可以參加美因河遊船，欣賞水上風情。

古城、要塞、教堂、老橋……
你想要的浪漫，這裡一次滿足！

洛克宮殿之一，名列在世界文化遺產名錄中。

主教宮是歐洲重要的巴

這幅世界最大的溼壁畫，運用繁雜高難度的畫法，卻能畫出栩栩如生的畫像，是出自提波羅(Giovanni Battista Trepolo)之手，在這些畫中還能看到他與諾曼的肖象！

花園裡的樹被整得很整齊，圓錐狀的外型讓花園看起來十分俏皮、活潑。

符茲堡主教宮
MAP P.107
Residenz Würzburg

如何前往
搭1、3、5線電車至Dom站步行約6分鐘，或搭6、12、14、16、20、28號公車至Mainfranken-Theater站下車即可看到。

info
🏠Residenzplatz 2
📞(0) 931 355-170
⏱4~10月9:00~18:00、11~3月10:00~16:30(最後入場時間為關門前30分鐘)；王宮花園開放至天黑，免費參觀。

💰成人€9、優待票€8
🌐www.residenz-wuerzburg.de
❗英文導覽為每日11:00與15:00

　　符茲堡主教宮主體建築由選帝侯大主教約翰‧菲利浦(Johann Philipp von Schönborn)委任著名建築師諾曼(Balthasar Neumann)規畫，從1720年至1744年完成整體架構，內部的細部裝潢直到1780年才宣告完工，總計花費了60年的漫長時間。這裡以溼壁畫舉世知名，也讓它獲得世界文化遺產的榮耀。

Did YOU KnoW

身經百戰的主教宮

階梯大廳僅由底下的圓拱柱支撐，需要相當的建築技術，在二戰時，這些拱柱還歷經了1945年的砲火。
在大戰中，符茲堡被嚴重摧毀，當然主教宮也無法倖免，所幸當時已事先移走部分傢俱及藝術品，現在遊客才能在宮殿內看到真品。主教宮在經過一番整修後，於1987年對外開放，讓今人得以一睹德國南部具有代表性的巴洛克式宮殿風采。

📖 這麼有名的濕壁畫在畫什麼？答案竟然是：「用想的」！

主教宮內階梯大廳的濕壁畫，是世界上最大的濕壁畫，循著階梯走上大廳，請好好抬頭注視這巨大的壁畫群像，這幅畫極為有趣，表現出了當時歐洲貴族的世界觀。因當時的

符茲堡主教權傾一時，掌握崇高的政治經濟地位，所以壁畫以選帝侯大主教為中心，彼時的美洲大陸有著鱷魚與美洲蠻荒的圖像、非洲有著游牧民族與駱駝的圖像、亞洲有著大象等原始野蠻的意象。因畫師們都沒有真正造訪到各州大陸，全是以想像的世界觀來描繪當時的世界，其中大象的象牙與象鼻還畫錯了，有機會進來參觀不妨一起來找找碴！

符茲堡市區圖

⊙景點　✚教堂　🏰城堡　🏛博物館
🏢政府機關　ℹ遊客中心　🚉火車站

聖基利安大教堂是德國排名第四的羅馬式教堂。

教堂旁有一棟建有綠色圓頂的建築，外觀有骷髏的雕刻裝飾，那就是主教的安息地，不開放參觀。

👁 MAP P.107　聖基利安大教堂 Dom Sankt Kilian

如何前往
從主教宮前沿著Hofstraße向西走400公尺，於Domstraße左轉即可抵達。

info
🏠 Domstraße　📞 (0) 931 3866-2900
🕐 週一至9:30~17:30、週六9:30~17:00
🚫 週日及公眾假日。
🌐 www.dom-wuerzburg.de

聖基利安教堂內部是巴洛克式的建築風格，並可見到世界著名雕刻家提姆·史奈德為主教雕刻的墓碑；教堂底下便是主教們的墓地，所以在地上有些獨特的記號。

📖 聖基利安大教堂為何壁畫都很血腥？

參觀聖基利安大教堂時，會對壁畫上血腥屠殺的畫面感到疑惑。原來聖基利安在符茲堡傳教期間，當地的公爵和兄弟的妻子通姦，他公開反對得

聖基利安

罪了公爵，因此被處死。689年，後人在聖基利安殉教之地蓋起了聖基利安教堂，因為是紀念殉教者的教堂，所以圖像畫作都較為血淋淋！

瑪利亞聖母教堂是建於1377年的晚期哥德式教堂。

✝ **MAP P.107** 瑪利亞聖母教堂
Marienkapelle

如何前往
從主教宮前沿著Hofstraße向西走，於Eichhornstraße左轉走到底即可抵達。全程約700公尺。

info

⌂Marktplatz

位於市集廣場上的瑪利亞聖母教堂，外觀有著高聳的尖拱造型，拱門上則有德國著名雕刻家提姆·史奈德的創作——亞當及夏娃，不過目前展示在教堂外的其實是複製品，原雕刻品則收藏在美因河對岸的瑪麗恩堡要塞博物館內。

附近的市集廣場是符茲堡最熱鬧的地方，廣場上每日都有花卉、蔬果販售，參觀完教堂，不妨到市集上去逛逛。

舊美因橋取代了原有的羅馬舊橋，連接美因河兩岸。

👁 **MAP P.107** 舊美因橋
Alte Mainbrücke

橋上的12尊聖人雕刻像豎立於18世紀，襯著這一尊尊栩栩如生的聖人像，許多遊客都會把這裡當成一處經典的拍照地點

如何前往
從主教宮向西步行1000公尺即可抵達
美因河是萊茵河最主要的一條支流，流經符茲堡、哈瑙及法蘭克福，最後在美因茲與萊茵河匯流。舊美因橋建於1473~1543年，為遊客從老城區走到瑪麗恩堡要塞的必經路徑之一。

若覺得光是在橋面上行走不夠過癮，也可以到橋下不遠處的遊船碼頭搭乘觀光船，來一趟浪漫的美因河之旅。

瑪麗恩堡外可免費參觀瞭望塔、教堂和水井這3個設施。教堂是城堡最古老的部分，建於1200年左右的瞭望塔則約有40公尺高，是城堡重要的防禦工事。

MAP
P.107

瑪麗恩堡要塞
Festung Marienberg

如何前往

◎從城區過了舊美因橋後，在馬路旁有路線指標，跟隨指標前往即達(步行約30分鐘)。

◎4~10月也可搭乘9號公車至Festung站，下車即達。

info

⌂Festung Marienberg

☏(0)931 355-1750

⏱4~10月9:00~18:00，11~3月10:00~16:30

休週一

🌐www.schloesser.bayern.de

◎城堡導覽 Burgführungen

⏱4~10月10:00~16:00、11~3月11:00~15:00，每小時整點出發(12:00除外)

休週一

💲成人€4、優惠票€3，18歲以下免費

◎法蘭根博物館 Museum für Franken

☏(0)931 205-940

⏱10:00~17:00 (11~3月至16:00)

休週一

💲成人€5、優惠票€4，17歲以下免費，週日門票為€1。

🌐museum-franken.de

史奈德的作品和其追隨者們的作品，並非他在當時運用自己的方式創作，一般人遵照主教指示製作，因而自成一格。

水井是非常重要的要素，使城堡不致發生缺水問題。今日水井內還有照明燈，讓人可看到河水在井底流動。

此地自706年開始，即建有聖瑪麗教堂，1253年成為選帝侯大主教的領地，中間歷經數次戰爭及擴建，從外觀上不難看出歷史的痕跡。

城堡內闢有法蘭根博物館，可欣賞到雕刻家提姆·史奈德的作品，他雕刻出的人物表情生動細膩，創作風格自然吸引不少跟隨者，而在這個博物館中也可以看到其追隨者們的作品，除此，館內也展出法蘭根地區的葡萄酒文化以及古時的製酒工具等。原開放的王侯博物館(Fürstenbaumuseum)因城堡整修而關閉。

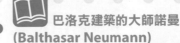
從瑪麗恩堡要塞有不錯的眺望點，可看到朝聖教堂的全景。

巴洛克建築的大師諾曼
(Balthasar Neumann)

講到巴洛克建築的歷史，諾曼是一定會被提到的名字。他將波希米亞、義大利和法國的建築風格融入巴洛克風格中，在巴洛克雄偉的風格中加入了許多細節上的巧思。諾曼的代表性建築是符茲堡主教宮和十四聖人聖殿，沒機會去造訪十四聖人聖殿嗎？沒關係，去參觀朝聖教堂吧！符茲堡的朝聖教堂一樣由他所設計，兩者的格局、外觀頗為相似，都是很傑出的建築作品。

諾曼

朝聖教堂
Käppele
MAP P.107

如何前往
過舊美因橋後沿著美因河岸向南走，依照路上指示即可抵達，路程約20分鐘。
info
⊙Spittelbergweg 21

朝聖教堂也是由名建築師諾曼所建造，和符茲堡主教宮的建築師是同一個人。教堂建於1748~1752年，雄偉的外觀猶如宮殿般，氣勢磅礡，內部也同樣有著華麗的裝潢及壁畫。此外，在前往朝聖教堂的沿途上，還有14尊雕塑作品相伴。

市政廳
Rathaus (Grafeneckart)
MAP P.107

如何前往
從主教宮向西步行800公尺即可抵達，在舊美因橋前。
info
⊙Rückermainstraße

這棟建築物建於14世紀，原本是大主教辦公的地方，後來經過不斷擴建，而成為現今的模樣。中世紀時，一位名叫Eckart的貴族在這棟樓中遭人刺殺，從此之後人們便將這裡暱稱為「Grafeneckart」，一直到今天都還是習慣如此稱呼。後來這裡成為符茲堡的市政廳，其內可看到在符茲堡僅存非宗教建築的羅馬式風格。在市政廳前方另有一座噴泉，則是1765年時增建的部分。

市政廳的1樓有咖啡座及餐廳。

出發！航向
古堡大道的偉大航道

從空中進入古堡大道

　　兩個在古堡大道上的大城——海德堡、紐倫堡，前者沒有機場可供進出，唯有紐倫堡在市區北方設有國際機場，提供遊客進入古堡大道的一種選擇。

紐倫堡國際機場(NUE)

　　紐倫堡國際機場(NUE)位於市區北方5公里處，主要提供往返歐洲各大城市的航線，每天約有50個班次，飛往20多個歐洲城市。從機場可搭乘U-Bahn的U2前往市區中央車站，車程12分鐘。也可搭乘30、33號的公車通往市區，若是搭乘計程車，自機場到中央車站約28歐元，車程約15~20分鐘。

紐倫堡國際機場🕸www.airport-nuernberg.de
紐倫堡計程車中心🕸心www.taxi-nuernberg.de

從地面進入古堡大道
鐵路

◎海德堡中央車站Heidelberg Hbf

　　海德堡中央車站是二等車站，規模不及紐倫堡車站，班次主要往來於德國西半部，較少往德國東部的車。

📍Willy-Brandt-Platz 5, 69115 Heidelberg
🕸www.bahnhof.de/heidelberg-hbf

◎紐倫堡中央車站Nürnberg Hbf

　　紐倫堡中央車站是德鐵ICE、IC、EC的交會處，巴伐利亞北部最大的火車站，每天有約500班次，能在當天到達德國任一主要城市。

📍Bahnhofsplatz 9 90443 Nürnberg
🕸www.bahnhof.de/nuernberg-hbf

　也可以使用下列邦票進出古堡大道
進出海德堡，可使用巴登符騰堡邦票(見P.133)。
進出紐倫堡，可使用巴伐利亞邦票(見P.27)。

古堡大道
行前教育懶人包

關於古堡大道的住宿

　　海德堡老城區依山傍水，又美又方便，是最佳住宿選擇，因此價格較高。選擇老城區外的住宿會省下不少錢，記得選在大眾交通運輸工具有覆蓋的地方。

　　紐倫堡中央車站距離各景點都不遠，也有購物中心，所以住在中央車站附近是最佳選擇。

觀光優惠票券好用嗎？

海德堡卡 HeidelbergCARD

　　使用海德堡卡，可免費搭乘海德堡市內VRN系統的大眾運輸工具(公車、有軌電車、S-Bahn)，並包含海德堡古堡套票(古堡、登山鐵道車、大酒桶、藥事博物館)。參觀多處景點、博物館、導覽行程時還可享有折扣，在指定商店、餐廳消費也有各種優惠。

⊙可在遊客中心及多家旅店購買
⑤一日卡€26、二日卡€28、四日卡€30
ⓦwww.heidelberg-marketing.com/search-book/heidelbergcard.html

紐倫堡卡 Nürnberg Card

　　可免費搭乘紐倫堡的U-Bahn、S-Bahn、Tram及公車，還可免費進入紐倫堡約30處博物館及景點，另有部分景點享5折折扣，使用期限為48小

時，是遊客便利、省時、省錢的好幫手。未滿5歲的兒童若由購買紐倫堡卡的成人陪同，一樣可享受紐倫堡卡的所有優惠。

⊙向遊客中心或旅館購買
⑤成人€33、6~11歲€11
ⓦtourismus.nuernberg.de/en/booking/nuernberg-card-city-card/#/

紐倫堡交通票

　　紐倫堡城牆內的範圍不大，步行即可走遍，大眾運輸由VGN經營，有U-Bahn、S-Bahn、Tram、公車等，均使用同一種車票。

⑤單程票成人€3.25、兒童€1.62，一日票：€9.7
ⓦwww.vgn.de

紐倫堡博物館一日票

　　包含杜勒故居、玩具博物館、紐倫堡大審紀念館等博物館在內，購買門票時只要多付€3，就可升級為博物館一日票，可在當日參觀其他紐倫堡地區的博物館。

 到底要不要買觀光票券？
海德堡卡是深度旅遊必備的，可以省下不少門票錢。紐倫堡卡單價較高，可視行程決定需不需要，也可以用交通卡或博物館卡來取代。

其他旅遊相關資訊

氣候

　　古堡大道西邊的海德堡屬於溫帶海洋性氣候，平地整年濕潤溫暖，一路向東逐漸變為溫帶大陸性氣候，日夜溫差變大，平均氣溫也下降，迎風坡常常有突發性的降雨。

若不幸發生緊急事故

◎緊急連絡電話

警察局：110或112

古堡大道地區節慶日曆

日期	節慶	備註
1月1日	元旦(Neujahr)	國定假日
1月6日	三皇朝聖(Heilige Drei Könige)	記念東方三聖人，僅巴登登騰堡邦、巴伐利亞、薩克森安哈爾特三個邦放假
復活節前的週五	受難節(Karfreitag)	國定假日
復活節後的週一	復活節後週一(Ostermontag)	國定假日
5月1日	國際勞動節(Tag der Arbeit)	國定假日
從復活節算起第40天	耶穌升天節(Christi Himmelfahrt)	國定假日
耶穌升天節後第10天	聖靈降臨節(Pfingstmontag)	國定假日
6月	聖體節(Fronleichnam)	天主聖三節後的星期四，通常在6月，巴登符騰堡邦、巴伐利亞邦、埃森邦、北威邦、萊茵普法爾茨邦、薩爾邦共6個邦放假
8月底~9月初	紐倫堡啤酒節(Volksfest)	持續兩個禮拜，規模不大，像個小型嘉年華、園遊會。
9月中	紐倫堡老城區慶典(Nürnberger Altstadtfest)	持續兩個禮拜的慶典，老城區會有各種食物和表演，當然還有啤酒。
9月最後一個週六	海德堡秋節(Heidelberger Herbst)	在老城區的嘉年華，是海德堡一年中最盛大的活動
10月3日	國慶日(Tag der Deutschen Einheit)	國定假日
12月24日	平安夜(Heiligabend)	中午起百貨、超市、餐廳、公司行號等陸續關門放假。
12月25至26日	聖誕節	國定假日

把心遺忘在這裡，穿越百年城堡領略中世紀風情

古堡大道
Burgenstraße

海德堡
Heidelburg

紐倫堡
Nürnberg

　　古堡大道是一條由西向東延伸的旅遊路線，以曼罕(Mannheim)為起點，沿著涅卡河(Neckar)沿岸的古城與古堡，蜿蜒到羅曼蒂克大道上的羅騰堡後，繼續往東前進，經安斯巴赫、紐倫堡、班堡、科堡、拜羅伊特，最後越過國境，抵達捷克首都布拉格。細細數來，古堡大道上的城堡竟然多達77座，且大多是中世紀原封不動保留下來的古老風貌，或是原物原地重建的優美城堡。

由於古堡群大多位於都會區之外，因此遊玩這條大道最理想的方式，就是去租一台車，沿著路線依序拜訪。如果時間實在有限，那就建議在海德堡或紐倫堡參加當地旅行團，遊玩其精華路段即可。

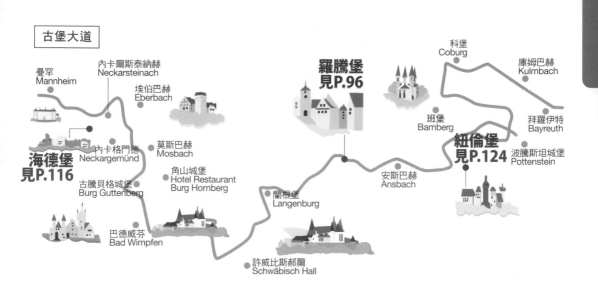

古堡大道

曼罕
Mannheim

內卡爾斯泰納赫
Neckarsteinach

埃伯巴赫
Eberbach

海德堡
見P.116

內卡格門德
Neckargemünd

莫斯巴赫
Mosbach

古騰貝格城堡
Burg Guttenberg

角山城堡
Hotel Restaurant
Burg Hornberg

巴德威芬
Bad Wimpfen

蘭根堡
Langenburg

許威比斯郝爾
Schwäbisch Hall

羅騰堡
見P.96

科堡
Coburg

庫姆巴赫
Kulmbach

班堡
Bamberg

拜羅伊特
Bayreuth

紐倫堡
見P.124

安斯巴赫
Ansbach

波騰斯坦城堡
Pottenstein

115

德國歷史最悠久大學城，
歌德筆下「把心遺忘的地方」～

親訪海德堡，觀看依偎在涅卡河畔的老城、錯落有致的紅瓦屋頂、橫跨河面的典雅拱橋，加上山坡上城堡的英姿點綴在綠蔭之間，就能了解海德堡何以讓歌德讚譽為「把心遺忘的地方」。

古堡大道：海德堡

海德堡
MAP P.115, 118

Heidelberg

從考古文物顯示，海德堡最初是塞爾特人的聚落，後來成為羅馬帝國的軍事堡壘。12世紀時，海德堡被封建領主買下後，大興土木擴建城堡，海德堡之名才正式出現於古籍中。1386年，海德堡設立大學後，城鎮迅速擴展，不但工商雲集、經濟繁榮，還成為當時歐洲文化、學術重鎮，海德堡因而成為德國境內歷史最悠久的大學城。

◎火車：從法蘭克福，每小時皆有一班IC或EC直達海德堡中央車站，車程不到1小時；其他班次則需在曼罕轉車，大約1小時出頭即可抵達。從慕尼黑，亦有IC或EC直達海德堡中央車站，但是班次不多，車程約3小時；其他班次則需在曼罕、斯圖加特等地轉車，車程約3.5小時。
◎公車：海德堡老城區範圍不大，可用步行方式走遍，而這個地區的大眾運輸由VRN營運，可利用其公車代步。
www.vrn.de

至少預留時間
輕鬆遊城
3小時
參觀各個景點
5小時

造訪海德堡理由

1. 美不勝收，被歌德讚譽為「把心遺忘的地方」。
2. 文藝氣氛瀰漫的大學城，名校名人多。
3. 擁有充滿智慧的哲學家之路，值得探訪。
4. 浪漫的「學生之吻」在這裡…

怎麼玩才聰明？

海德堡卡

可免費搭乘市內大眾交通工具，包含**海德堡古堡的齒輪軌道纜車山腰段來回票**，以及**古堡大酒桶、藥事博物館門票**，所以買海德堡卡非常划算。

徒步遊城

海德堡老城區其實範圍不大，非常適合**步行方式遊城**，順著老街一路逛，經過教堂繼續走就可抵達古堡，或是搭車到古堡，回程時再一路走回車站。

浪漫紀念品

著名的「學生之吻」其實指的是巧克力，這個擁有100多年歷史所醞釀出的特有情調，是海德堡最浪漫的紀念品。

一向擁有浪漫聲名的海德堡，不但是莘莘學子嚮往的大學城，更是無數文人墨客筆下的羅曼蒂克經典魅力之城。

火車站前有遊客中心可提供諮詢協助，公車站則有售票機提供購票服務。

117

若要上古堡或王座山俯瞰海德堡，可搭乘齒輪軌道纜車 (Bergbahnen)。

熱鬧的市集廣場，昔日中央卻是處決女巫和異教徒的地方。

海德堡市區

Phibsophenweg
哲學家之路 Philosophenweg
Neuenheimer Landstr.
涅卡河 Neckar
老橋 Alte Brücke
AmHackteufel
Hollönder Hof
Hotel Villa Marstall
Bussemer.
Pfaffeng.
市政廳 Rathaus
Hauptstr.
Friesenberg
海德堡大學 Universität Heidelberg
聖靈教堂 Heiliggelstkirche
市集廣場 Marklplalz
Hauptstr.
Friedrichstr.
Theaterstr.
Sandgasse
Grabeng.
Schulg.
Kcttang.
騎士飯店 Haus Ritter
古堡纜車站
耶穌會教堂 Jesuitenkirche
海德堡古堡 Heidelberger Schloss
←往中央車站
N

☞ 有此一說～

海德堡「學生之吻」原來就是巧克力傳情！

相傳從前名門千金到海德堡求學，身邊一定會跟著教母，即便是到咖啡館喝個下午茶，教母也是要跟著，因此在咖啡館內遇到彼此心儀的年輕男子，也只能眉目傳情。當時一家KNOSEL咖啡店的老闆，就特別製作了一款巧克力，並取名為「學生之吻」，讓學生們以此傳情，既含蓄又不失禮節，就此流傳至今。

所以，若在海德堡收到這款巧克力，別懷疑，肯定是豔遇！

📖 德國城市格局怎麼都那麼相似？

大部分德國古城可分為城堡和老城區兩個部分，城堡通常都位於居高臨下的位置，這是因為在19世紀末德意志帝國統一前，日耳曼地區一直都是諸侯割據、各自為王的狀態。於是沿續了中古世紀封建諸侯的城鎮格局，諸侯、貴族居住的城堡是城市的中心，位置易守難攻並有完善的防禦工事，前來尋求保護的百姓久了，就在城堡四週定居，形成城鎮。

班堡

必看重點

海德堡每5個人就有1名學生！
來這裡不管誰都會變年輕吧！

以文學與哲學聲譽卓著的海德堡大學，現在已是一間擁有3萬名學生的大型學校，在天文、國際法及原子物理學領域也負有盛名。

在舊海德堡大學裡，有一座學生監獄（Karzer），違反校規的學生都要被關在這裡。遊客現在可在裡面看到當時學生在牆上的塗鴉及內部陳設。

坐落在廣場的大學博物館（Universitäts Museum），裡頭以文物、照片展示這所大學的悠久歷史和教學成就。

海德堡大學
Universität Heidelberg

MAP P.118

如何前往
搭乘31、32號公車在Uniplatz站下車即可抵達

Info
⌂ Grabengasse 1　🌐 www.uni-heidelberg.de
◎ 大學博物館Universitätsmuseum
⌂ Augustinergasse 2　🕐 週二至週六10:30~16:00
💲 成人€6、優待票€4.5，含學生監獄。　❗參觀學生監獄憑時段門票(15分鐘)，可在現場售票處購票，建議提前1~2週致電+49 6221 541 2815預訂門票。

　　海德堡大學不但是德國，也是歐洲最古老的大學，是神聖羅馬帝國繼布拉格大學、維也納大學後，所創立的第三座大學，創校至今已超過600年。在如此漫長的校史中，這所大學與這座城市幾乎是合為一體了。海德堡因為這所大學而更添人文氣息。據統計，海德堡人口中有1/5是學生，因此海德堡人很自豪於這座城市在古意的外表下，有一顆年輕的心。

Did YOU KnoW

出自這所名校的台灣人有誰？

1. 前司法院長翁岳生
2. 前司法院長施啟揚
3. 前台北縣長尤清
4. 前文化部長龍應台

發明自行車的人，也是校友！

海德堡出了許多對世界有貢獻的菁英，其中一位卡爾·德萊斯於1817年發明了自行車，如今自行車已經成為全世界最普遍的一種交通工具了。

18世紀海德堡市區因戰爭而全毀,在有心人士力挺之下,這座古堡才得以倖存,並保留著廢墟模樣。

參觀完城堡,不妨再搭纜車登上王座山,這裡有許多登山路線,也可俯瞰海德堡迷人風情。

海德堡古堡
Schloss Heidelberger

MAP P.118

如何前往

◎從海德堡中央車站可搭乘33號或20號公車至Rathaus/Bergbahn站下車,然後轉搭乘齒輪軌道纜車上山至Schloss站即達。纜車分山腰段(Kornmarkt到Molkenkur)和山頂段(Molkenkur到Königstuhl),山腰段9:00~20:00發車上山(冬季只到17:10)。山腰段成人來回€9、來回€4.5;山腰+山頂段成人單程€10、來回€16,優惠票單程€5、來回€8。

Info

⌂Schlosshof 1

☎(0)6221 658-880

◑城堡每日9:00~18:00 (進入古堡內部須參加當日導覽行程,每日有許多導覽梯次)。城堡花園(含大酒桶)每日上午到日落。德國藥事博物館4/1~1/7為10:00~18:00 (1/8~3/31至17:30)

⑤城堡花園、大酒桶、藥事博物館及搭乘軌道纜車的通票為成人€9、優待票€4.5,古堡導覽成人€6、優待票€3,耳機語音導覽€6。使用海德堡卡可享門票及搭乘山腰段纜車免費。

🌐www.schloss-heidelberg.de

　海德堡古堡其實只是個遺跡,整座城堡在17世紀末的戰爭中毀於法國人手中,但即使如此,今天漫步其間,還是可感受到濃濃的中世紀氣息。

古堡內有個巨大的木製酒桶(Großem Fass),遊客可登上酒桶參觀,酒桶對面有矮人佩奇歐,他負責看守酒桶。

　悠靜的城堡花園(Schlosshof)內,有多次造訪海德堡的歌德塑像,他曾讚譽海德堡是「把心遺忘的地方」。離塑像不遠處是他最愛的石椅,椅子上雕有心型葉子,他曾用這種植物為心愛的人做了一首詩,在椅子上正刻著那首詩。

　城堡內部另一個開放參觀的就是藥事博物館(Deutsches Apothekenmuseum),館內展示從中世紀到19世紀的實驗室、儀器、藥物等。

👉**有此一說～**

喝酒成仙,喝水暴斃!?

相傳佩奇歐原來是看守巨大酒桶的人,他本人非常愛喝酒,因此每天都不停地喝著巨大酒桶裡的酒,身邊的人很怕他把身體給喝壞了,就勸他別再喝了,真的口渴就喝水吧,沒想到他因為喝水而暴斃身亡,眾人就將他的雕像放在酒桶旁讓他繼續看守,並紀念這個奇人。

13世紀的文獻就出現對這座教堂的記載，今日的哥德式教堂基礎則完成於14世紀。

聖靈教堂還曾是歷代選帝侯的安葬地。

現在教堂內經常舉辦各式不同的主題展。

聖靈教堂
Heiliggeistkirche
MAP P.118

如何前往
搭乘Tram 20號或33號公車至Rathaus/Bergbahn站，步行約2分鐘。

Info

⌖Marktplatz

⏷教堂11:00~17:00(週日12:00~17:00)，登塔頂週六11:00~17:00

⑤教堂免費；登塔頂€2

　建自1398年的聖靈教堂因為歷史悠久，曾經有過來自各方的豐富藏書，這些無價之寶一度被運至羅馬，幸而後來約有800冊以德文為主的手稿及原稿獲得歸還，現在就收藏在海德堡大學的圖書館內。

登上教堂的塔頂，可以將海德堡全市看得一清二楚，別有一番浪漫的古城風情。

Did YOU KnoW

參觀古城必看的3件事

教堂、市政廳、市集廣場對德國城市來說非常重要，因此參觀德國古城時，景點無不圍繞著這三者。

禮拜時間禁止參觀，但可加入禱告儀式。

教堂內部裝潢十分素雅新穎又不失莊嚴。

原先的管風琴已無法使用，現今教堂內主要的管風琴是於2009年安置的。

耶穌會教堂為老城內巴洛克風格的羅馬天主教教堂。

MAP P.118 耶穌會教堂
Jesuitenkirche

如何前往
搭乘Tram 20號或33號公車至Rathaus/Bergbahn站，步行約4分鐘。

Info
⌂Merianstraße 2
⏰5~9月9:30~18:00、10~4月9:30~17:00。

耶穌會的信徒們於17世紀抵達海德堡時，在1712年開始興建這座耶穌會教堂，直到1759年才完工。儘管需要穿過巷弄才能抵達耶穌會教堂，其建築外觀依然相當醒目。在教堂左側的墓穴中，安放的是昔日一位選帝侯及其家屬的遺骸。

Did YOU KnoW

這座教堂的建築方向跟人家不一樣！

一般來說，教堂建造的方向多為東西向，理由包括：(1)教徒從西邊入口走進，好朝向東方的耶路撒冷(2)聖堂多設計在日出的東方(3)當清晨神父在佈道時候，陽光會從神父後方升起，顯得神聖。但是，這所耶穌教會的建構方向，卻是有違常理，採南北向。

漫步老橋，可一覽河畔高地的海德堡城堡與海德堡浪漫典雅的市容；走過橋去回首，老橋則變成了風景的一部分。

橋停止被毀壞的厄運，在橋上安放了護佑萊茵河與其支流的河神雕像，這雕像至今仍矗立河畔。

MAP P.118 老橋
Alte Brücke

如何前往
搭乘34號公車在Alte Brücke Nord站下車
老橋靜靜橫跨在涅卡河上已有好幾百年了，當然，這中間曾經歷了幾次重建，原本只是座木橋，被洪水、火災毀損好幾次，直到1786~1788年間才改建成石橋。

有此一說～

海德堡的孫悟空？！
在老橋旁有座猴子的銅雕，據說摸了猴子手中的鏡子會發財，摸了旁邊的小老鼠，則會多子多孫，若是把摸了猴子手上的戒指，就會再回到海德堡。

這條哲學家之路，古往今來不知有多少文人學者漫步其間。

從哲學家之路俯瞰海德堡古堡和老橋。

Did YOU KnoW

海德堡的幽默：你今天哲學了嗎？

哲學家之路旁的花園門口，有座向上平伸的手掌模型，掌心寫著「HEUTE SCHON PHILOSOPHIERT？」，意思是「你今天哲學了嗎？」你說，是不是很幽默？

MAP P.118

哲學家之路
Philosophenweg

如何前往

從舊城區過老橋，順著指示步行約15分鐘可達。

　　海德堡之所以迷人，並成為世界上一個擁有獨特印象的城市，正因為在浪漫的氣氛中還擁有哲學般的智慧。

　　這條哲學家之路，如果是由老城區穿過老橋走來，會先經過一段灌木叢小路，即使是大白天，這段還留有老城牆遺跡的小路仍略顯昏暗，經過這條隧道走上位於山腰的哲學家小路後，視野馬上為之一亮，整個城市都呈現在你眼前。德國人說，這就是哲學。

　其他城市也有哲學家之路！

做為歷史最悠久的，海德堡的哲學家之路是名氣最大的，不過其他城市也有哲學家之路喔，像是日本京都、加拿大多倫多和美國舊金山，這些步道都是氣氛優美，能讓人忘卻煩憂靜靜思考的好地方！

日本京都哲學之道

123

提到「紐倫堡大審」太嚴肅？！
其實這裡很優美、很迷人，也很好玩！

王牌景點 ❷

造訪紐倫堡理由

1 巴伐利亞第二大城，今日古城風貌依舊迷人。

2 館藏豐富的日耳曼民族國立博物館。

3 玩具製造大城，孩子們的快樂天堂。

👁 MAP P.115, 125

紐倫堡
Nürnberg

火車：從法蘭克福每小時有1~2班ICE直達紐倫堡中央車站，車程約2小時出頭；從慕尼黑每小時也有ICE直達，車程約1小時出頭。

至少預留時間
輕鬆遊城
3小時
參觀各個景點
5小時

紐倫堡不但是神聖羅馬帝國的皇城所在地，還發展成帝國的自由城市，經濟與貿易達到鼎盛，在中世紀可是個人文薈萃的名城。到了近代，紐倫堡更因希特勒在此發表演說，以及審判納粹的「紐倫堡大審」，讓紐倫堡的聲名響徹雲霄。

於二次大戰後原樣重建的紐倫堡，雖然享有威名，卻沒有發展成大型都會，原因是受限於古城規模，但正因如此，紐倫堡仍保有中古時期城鎮風采。紐倫堡的老城依然環繞在13世紀修築的城牆中，昔日行人只能由5座城門出入，鞏固了古城的地位與安危。

佩格尼茲河替紐倫堡增添了濃濃的文藝氣息。

紐倫堡市區

皇帝堡及博物館
Kaiserburg

杜勒故居
Albrecht Dürer Haus

聖塞巴德斯教堂
St. Sebaldus-Kirche

Rathenauplatz

Vestnertorgraben

Tiergärtnertor

Am Ölberg

玩具博物館
Spielzeugmuseum

佩格尼茨河
Pegnitz

市政廳Rathaus

聖母堂
Frauen Kirche
Hans-Sachs-Platz

Wöhrder Wiese

中央市集廣場
Hauptmarkt
Garden Hotel

聖羅倫茲教堂
St. Lorenz-Kirche

Weisser Turm

Lorenzkirche
Breite Gasse

日耳曼民族
國立博物館
Germanisches
Nationalmuseum

往紐倫堡大審紀念館

Plärrer

Fackelmann   Maritim   OpernHaus

中央車站
Hauptbahnhof

紐倫堡卡

如果想要好好玩紐倫堡，可以買張紐倫堡卡，成人€33、優待票€11。只要在紐倫堡或旁邊的菲爾特市過夜都能使用，持卡者兩天內皆可免費進入博物館和搭乘大眾交通工具。

Weibgerbergasse 街

位於聖母堂往西200公尺處，這條街在二戰中幸運保存下來，至今仍保持著中世紀樣貌，是容易被忽略但值得造訪的景點！

紐倫堡小香腸

紐倫堡特有的小香腸傳說源自中世紀時，當時紐倫堡城門到了傍晚就會關閉，為了讓來不及進出的人們可填飽肚子，便將香腸做成小小的，方便從城門的鎖鑰孔傳遞出去。

日耳曼民族國立博物館

週三17:30後免費進場（特展除外）。

DiD YOU KnoW

《胡桃鉗》原著的設定地點

由英俊王子化身對抗老鼠王的世界知名芭蕾舞劇《胡桃鉗》，其音樂與舞劇，大概大家都略有耳聞。但這舞劇的地點，故事緣起為何呢？這是起始於1815年拿破崙戰爭結束後，但1816年歐洲大地天氣反常，8月霜降出現大型的饑荒，餓極了的德國作家霍夫曼轉而寫下的童話故事《胡桃鉗與老鼠王》，後被柴可夫斯基改編為世界芭蕾舞劇，因而世界知名，而此故事的地點就設定在紐倫堡。

站在皇帝堡城門口前的平台，就能俯瞰紐倫堡錯落有致的紅瓦尖頂景觀，這是紐倫堡標誌的景致。

今日，4座城門依然穩固，絲毫未變的古城木屋，昔日車馬雜沓的街道，都成了行人徒步區，遊客只要仰賴自己的雙腳，就能踏遍大街小巷。

德國第一輛火車在紐倫堡開動

1835年之前，往來德國各地都只能依靠馬車或步行，1853年巴伐利亞的國王路德威希一世因鼓勵工業發展，下令建造德國第一條鐵路，名為「老鷹」(Adler)，從紐倫堡行駛到菲爾特(Fürth)，當時的速度只有每小時35公里，比今日的火車慢10倍，但比馬車快2倍，且火車票只有相當於一個麵包的價錢，許多人都能負擔得起。

古堡大道：紐倫堡

文藝復興北傳重鎮，多元文化融合的古城～

《天使的祝福》描繪的是天使代表上帝祝福聖母瑪麗亞受孕，由聖母和來報喜的大天使所構成，周圍環繞著金玫瑰，下方還有條咬了禁果的蛇，是文藝復興初期的傑作。

MAP P.125

聖羅倫茲教堂
St. Lorenzkirche

如何前往
搭乘U1到Lorenzkirche站即達

Info
🏛 Lorenzer Platz 10　🕐 教堂週一至週六9:00~17:30、週日13:00~15:30，登塔週六14:00和15:30　💲 登塔成人€8、14歲以下€5　🌐 www.lorenzkirche.de

　　聖羅倫茲教堂以哥德式的風格重建，外部明顯可見高聳的尖塔及玫瑰窗；其珍貴的收藏品包括法伊特·修特斯(Veit Stoss)的《天使的祝福》，和聖壇和彩繪玻璃窗等，都值得一看。

紐倫堡3座珍貴教堂

在紐倫堡有3座珍貴的教堂——聖羅倫茲教堂、聖塞巴德斯教堂及聖母堂，這3座教堂也成為這個城市明顯的地標。其中建於1250年的聖羅倫茲教堂，和聖塞巴德斯教堂不但外觀非常相似，內部的藝術作品也同樣令人驚嘆。

於

Did YOU KnoW

音樂大師在這裡工作過！

聖塞巴德斯教堂也是17世紀最偉大的管風琴大師約翰·帕海貝爾(Johann Pachelbel)最後任職並終老之地，他曾創作出西方音樂史上的經典名曲「D大調卡農」，並被公認對「音樂之父」巴哈產生深遠的影響。

約翰·帕海貝爾

MAP P.125

聖塞巴德斯教堂
St. Sebalduskirche

如何前往
搭乘Tram 4至Hallertor站，往城內東行約600公尺可達。

Info
🏛 Sebalder Platz　☎ (0)911 214-2508　🕐 教堂1~3月9:30~16:00、4~12月9:30~18:00，登塔導覽4~12月週四及週六16:30　💲 登塔成人€7、優待票€2　🌐 www.sebalduskirche.de

　　始建於1215年的聖塞巴德斯教堂，是紐倫堡最古老的教堂，在建築風格上融合了羅馬式及哥德式特色。目前教堂內展示了二戰時遭到毀損的教堂照片。

第二次世界大戰之時，教堂和紐倫堡一樣嚴重受創，戰後經過小心翼翼的重建整修，終於又對外開放。

教堂內安放著傳教士塞巴德斯的金聖龕，他死於三世紀，並在1425年被封為聖徒。

聖母堂
Frauenkirche
MAP P.125

鐘樓報時秀是遊客們來到這裡必看的節目。

如何前往
U-Bahn：搭乘U1到Lorenzkirche站後，步行即達。

Info
📍 Hauptmarkt 14
📞 (0)911 206-560
🕐 週一、二10:00~17:00，週三、四9:00~18:00，週五、六10:00~18:00，週日12:00~18:00

🌐 www.frauenkirche-nuernberg.de

👆 **有此一說～**

有神燈般效果的戒指
廣場前的噴泉還有個動人傳說，一位年輕人因為心愛女孩的父親反對他們交往，在傷心之餘就打造了一枚大戒指放在噴泉的欄杆上，然後離開紐倫堡。雖然結局不完美，但是據說只要遊客同方向轉動戒指3次，願望就會實現。

聖母堂在每日中午12點整，都可看到時鐘下方精彩的報時秀，呈現7位選帝侯向皇帝卡爾四世宣示效忠的場景。

聖母堂前的中央廣場，在平日就會有熱鬧的市集，遇到特殊節日如耶誕節時，還會有盛大的耶誕市集，紐倫堡的聖誕市集在德國是數一數二盛大的，每年都吸引了很多人潮。

 什麼是選帝侯制度？

這個制度的傳統來自於日耳曼民族由部落首領推舉出共主，到神聖羅馬帝國時演變為貴族選出國王，一個由諸

侯、貴族組成的團隊握有選舉權，這個團隊的成員一開始並沒有嚴格的定義，直到1356年查理四世頒布的「金璽詔書」，明定皇帝是由7位選帝侯選出，也從而確立了選帝侯的地位及特權。

Did YOU KnoW

皇帝都得到此一遊
拜神聖羅馬帝國皇帝查理四世之賜，他在1356年頒布的「金璽詔書」，使得往後每位新皇帝都必需到紐倫堡舉行會議，史上有超過30位皇帝造訪過這裡，總計次數超過300次，其中查理四世就佔52次之多。

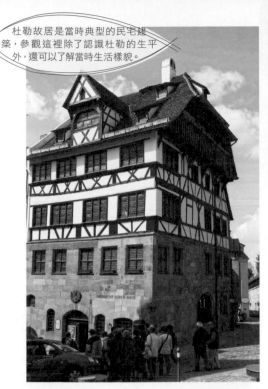

杜勒故居是當時典型的民宅建築，參觀這裡除了認識杜勒的生平外，還可以了解當時生活樣貌。

屋內還有版畫作品展示，不過都是複製品，原始作品都收藏在日耳曼民族國立博物館中。

屋內的廚房、客廳等陳設和當年差不多，樓上是工作室。

MAP P.125

杜勒故居
Albrecht Dürer Haus

如何前往

搭乘Tram 4至Tiergärtnertor站，往城牆內走即達。

Info

📍 Albrecht-Dürer-Straße 39

☎ (0)911 231-2568

🕐 週二～週五10:00～17:00、週六、日10:00～18:00；7～9月及聖誕市集期間週一10:00~17:00

✖ 週一

有關杜勒的二三事

杜勒有「德國文藝復興之父」的美名。孩童時代的杜勒已顯露出驚人的素描天賦，隨之習藝於紐倫堡最大的祭壇畫工作坊，年輕時即以木刻版畫出名，後以學徒期滿身分出門旅遊，兩次遊歷義大利的經驗，讓他受到文藝復興風格影響，並且將此浪潮帶到了北方，回到紐倫堡便以一系列的版畫取得聲名與成就。當杜勒55歲那年訪問荷蘭，受到的禮遇已有如一位王公。

他也被稱為自畫像之父，在此之前，通常只有公侯將相或聖經中人物才有正面肖像。此外，他還研究人體的比例和透視等作畫原理，並著作成書加以推廣。

他也擁有高度的自覺，覺得自己會流芳千古，所以在日常生活中勤寫日記，把他的生活記錄下來，替後人研究他提供了豐富的材料。

💲 成人€7.5、4~18歲€2.5

🌐 museen.nuernberg.de

文藝復興時期德國最具代表性的藝術家——杜勒(Albrecht Dürer)，他是一位金匠、製圖者、藝術家，更是文藝復興時期重量級的思想家，他的自畫像為往後的藝術家們樹立了典範。這間屋子是他在1509年買下的，他就在這裡工作及生活，並創作出舉世知名的藝術。

皇帝堡
Kaiserburg

如何前往
搭乘Tram 4至Tiergärtnertor站，往城牆內走即
達。

Info
🏛Auf der Burg 17
📞(0)911 244-6590
🕐4~9月9:00~18:00，10~3月10:00~16:00，關
門前60分鐘停止進入。
💲含宮殿、雙教堂、博物館、深井與圓塔的聯票成
人€9，優待票€8，城堡花園免費，參觀宮殿租借英
文語音導覽機每台€2。
🌐www.kaiserburg-nuernberg.de
❗參觀深井需由專人導覽

　　皇帝堡是紐倫堡的象徵，建於舊城的山坡
上。在中世紀時期，這裡是非常重要的帝國宮
殿，1050至1571年由神聖羅馬帝國皇帝所使
用，裡頭的羅馬式雙教堂、深井及圓塔，都在
在展現了這座城堡以防禦為目的的功能。

深井在防禦上占有重要的地位，讓戰時城內的水源不虞匱乏，它深度幾乎是一旁高塔高度的兩倍，若將水倒入井中，得過好幾秒才聽得到聲響。遊客在這可親自倒水做實驗。

皇帝堡的雙教堂由紅砂石砌成，分上、下兩層，上層是皇帝專屬的教堂。

從前皇帝到此下榻時，鎮上富人便供應必需品及傢俱，待皇帝離去後再搬下山；所以這裡其實看不到原始傢俱。

皇帝堡內有座博物館，展出12到16世紀神聖羅馬帝國時期的建築、軍事及政治史。

古堡大道：紐倫堡

博物館後面有一個30平方公尺的大型的火車模型展示，旁邊有一家咖啡屋，逛累了不妨在此小憩。

一樓是木製玩具展示，再上樓不只可以看到各種玩偶，還有廚房、商店、藥房等玩具模型，這些都是一百年前的玩具！

有一層樓專門展示二戰期間玩具，可見當時的玩具場景慢慢轉變為士兵及防禦工事。

館內，還有為小朋友設計的遊戲區。

這間國際性的博物

玩具博物館
Spielzeugmuseum

`MAP P.125`

如何前往

搭乘Tram 4至Hallertor站，往城內東行至Karlstr.左轉即達，約400公尺。

Info

📍Karlstraße 13-15

☎(0)911 231-3164

🕐週二～週五10:00~17:00(週六、日至18:00)；週一僅在聖誕市集期間開放。

💰成人€7.5、4~18歲€2.5

🌐www.museen.nuernberg.de

　　紐倫堡是每年2月國際玩具博覽會的舉辦城市，來到這裡，當然要看一下舉世聞名的玩具博物館。從這些展示中可了解當時人們生活情形和貧富間差距，而這些玩具的年代，從早期一直延伸到近代的電腦、科技類產品，種類有趣豐富。

這棟建築已被列入世界文化遺產，將永遠佇立在這警惕著世世代代。

MAP P.125

紐倫堡大審紀念館
Memorium Nürnberger Prozesse

如何前往
搭乘U1至Bärenschanze站，從Sielstraße出口出站後沿Fürther Straße西行即達(右手邊)，步行全程約270公尺。

Info
🏛Bärenschanzstraße 72　☎(0)911 2312-8614
🕙10:00~18:00(每週六、週日及11~3月為10:00起)
🚫週二

💲成人€7.5、4~18歲€2.5 (含語音導覽機)
🌐museums.nuernberg.de/memorium-nuremberg-trials/

　第二次世界大戰結束後，盟軍在紐倫堡設立軍事法庭，對24名德國納粹核心人物進行審判，大部分納粹頭目被判處死刑及終身監禁。這場歷史性的紐倫堡大審，就是在600號法庭執行，並在紐倫堡監獄執行絞刑。

 有關紐倫堡大審

紐倫堡審判的重點不只在於執行處分，而是在改變過去對戰爭視為合法的習慣，許多戰犯為自己的屠殺行為辯解為服從長官、法律，但這樣的理由都被當庭駁回，因為在道德行為仍有可為情況下，這些人卻選擇殺戮。而這場審判改變了過去只能指控國家卻不能指控個人觸犯戰爭罪的作法，在歷史上意義重大。

國際法庭的成立

二戰結束後，成立國際軍事法庭的提議在美、蘇、英、法巨頭間產生爭議，蘇聯方面認為所有納粹餘孽都應該被槍斃，黨衛軍甚至應該被活埋，連人權、法治精神進步的英法兩國都有不需審判、直接槍斃戰犯的聲音出現，但是來自美國的聯邦最高法院大法官羅柏特‧傑克森(Robert Jackson)，堅持公開公正審判才是正義，才是同盟國無數青年，拋頭顱灑熱血所捍衛的價值，於是第一個國際法庭就這樣成立了。

日耳曼民族國立博物館
Germanisches Nationalmuseum

MAP P.125

如何前往
搭乘U2在Opernhaus站下車。

Info
🏠Kartäusergasse 1 ☎(0)911 133-10
🕙10:00~18:00(週三至20:30) 🚫週一
💲成人€10、優待票€6，週三17:30起免費入場(特展除外)。

🌐www.gnm.de

這間德國最大的藝術及文化博物館，館內共有120萬件物品，數量相當龐大。

其中大師級的創作包括出自提姆·史奈德、杜勒、林布蘭等世界知名藝術家的作品。大面積的展場再加上豐富珍藏品，參觀這間博物館可得花上不少時間！

館內展示從遠古到現代，從日常生活到著名的歷史、藝術陳列，包括繪畫、雕刻、玩具屋、樂器、武器、狩獵用具等，種類繁多。

最有名的展件之一馬丁·貝海姆(Martin Behaim)製作的世界第一個地球儀，因為在當時還沒有發現美洲這塊新大陸，所以上頭並沒有美洲大陸。

杜勒的作品《查理曼大帝和西吉斯蒙德》

啤酒酒窖化身藝術通道
二次大戰爆發後，為免紐倫堡最貴重的藝術品遭難，便把它們搬移到城堡山(Castle Hill)地下本來用於儲藏啤酒的酒窖內。今日，這個地下藝術酒窖每天開放導覽，除了介紹這段歷史、珍貴藝術品，同時也介紹通道其他用途。有興趣者可上網預約參加www.historische-felsengaenge.de/en/tours.html。

Did YOU KnoW
看到繁體字的大感動！
博物館外有以色列藝術家達尼·卡拉萬的的作品《人權之路》(The Way of Human Rights)，那30根石柱上，刻上以各種語言翻譯的聯合國30條世界人權宣言，其中第22條文，是以中文繁體字所刻。是不是很讓人感動！

出發！航向
斯圖加特的偉大航道

從空中進入斯圖加特

斯圖加特國際機場(STR)在市區南方13公里處,是巴登符騰堡邦最大的機場。航班主要飛往歐洲及德國國內各大城市。

ⓦwww.stuttgart-airport.com

機場至市區交通

◎輕軌及電車

在機場下方有S-Bahn車站,可搭乘S2、S3抵達市區的中央車站,約15分鐘到1小時就有一班,車程約27分鐘。也可從機場走5分鐘路程到航廈對面的U-Bahn車站,搭乘U6前往中央車站,約10分鐘就有一班,車程約30分鐘。

◎租車

在3航廈的入境樓層可找到租車公司櫃檯。

從地面進入斯圖加特

鐵路

從法蘭克福,每30~45分鐘會有一班ICE或IC直達斯圖加特中央車站,車程約1.5小時,若在Mannheim轉車,則比直達車快約10分鐘。從慕尼黑,每小時2班ICE或IC直達,車程約2小時15分鐘。

ⓐArnulf-Klett-Platz 2, 70173 Stuttgart
ⓦwww.bahnhof.de/Stuttgart_Hbf.html

長途巴士

斯圖加特的長途巴士有兩個停靠站,斯圖加特機場站有最多的班次。

◎Stuttgart Flughafen(斯圖加特機場站)

ⓐFlughafenstraße 32, 70629 Stuttgart
◎Stuttgart Nord
ⓐ70191 Stuttgart

可使用巴登符騰堡邦票進出斯圖加特

使用巴登符騰堡邦票(Baden-Württemberg Ticket)可乘坐各種區域性火車(也就是ICE和IC以外),以及邦內各城市的大眾運輸系統。

Ⓢ二等車廂單人票€26.5、頭等車廂單人票€34.5、夜間票€23.5。最多可5人共用,每增加1人加付€8~16。

Did YOU KnoW

斯圖加特火車站S 21

「斯圖加特21」是一項火車站整體擴建的工程計畫,但因地下水位下降、影響居民安危、砍樹破壞環境、房地產炒作…種種原因,居民與環保團體便從2008年10月起,每週一發起一次示威活動,這之間還引起當局進行大規模清場行動,導致上百人受傷。

然而這件事在2011全州舉辦公投,支持方的得票率達到60%後有了定案——建設工程可以繼續推進。儘管如此,S21事件也算是成功寫下德國公民抗爭的勇敢案例。

斯圖加特
行前教育懶人包

關於斯圖加特的住宿

特別為了參觀賓士博物館和保時捷博物館而來的人，可以選擇遠離市中心的住宿，選個離兩間博物館都不會太遠，又有大眾交通運輸覆蓋的地方，既省錢又離目的地近。

觀光優惠票券好用嗎？
斯圖加特卡 StuttCard

斯圖加特卡使用效期有1~3日3種，持卡參觀多家博物館、景點、導覽行程等，可享有免費或折扣優惠。但若要搭乘大眾交通工具(VVS系統)，則必須購買StuttCard Plus。

⌂可在遊客中心及部分飯店購買，優惠項目及購買地點詳見官網。

ⓦwww.stuttgart-tourist.de/stuttcard

票種	1日	2日	3日
StuttCard	€24	€30	€35
StuttCard Plus	€33	€43	€53

到底要不要買StuttCard Plus？
由於斯圖加特景點較分散，搭乘交通工具的機會比較多，所以建議直接購買StuttCard Plus。

Did YOU KnoW
一樣很High的斯圖加特啤酒節與葡萄酒節

從1818年開始的斯圖加特啤酒節，緣由乃是因為一次農作歉收，當時符騰堡深受民眾愛戴的年輕王后，決定舉辦豐收祭典來賑濟災民，演變至今就成了人人盡情吃喝的啤酒節。由於有著這層背景，100多年來，啤酒節會場都會矗立一座24公尺高的農作物塔(Fruchtsaule)，以茲紀念與感謝。基本上，斯圖加特與慕尼黑啤酒節的戲碼大同小異，連舉辦時間都相去不遠，啤酒棚外的超大型戶外遊樂場設施一樣也不少，比起慕尼黑啤酒節毫不遜色。

同時，作為德國最有名的葡萄酒產區，斯圖加特的葡萄酒節也是全國最大。葡萄酒節約在每年入秋舉行，屆時來自巴登與符騰堡地區的酒莊，將以舊王宮為中心，架起120多座涼棚，展示超過500種當地出產的紅、白酒。而城裡著名餐廳的大廚們，也會在攤位上烹飪起道地瓦本名菜，讓全城沉浸在美酒與美食的香氣中。

◎ **斯圖加特啤酒節 Cannstatter Volksfest**
⌂Cannstatter Wasen
◉9月底~10月中
ⓦwww.cannstatter-volksfest.de
◎ **斯圖加特葡萄酒節 Stuttgarter Weindorf**
⌂市中心、席勒廣場、市集廣場
◉8月底~9月初
ⓦwww.stuttgarter-weindorf.de

斯圖加特的遊客中心在哪裡

◎斯圖加特旅遊局

☎(0)711 222-8123

🕸www.stuttgart-tourist.de

◎i-Punkt遊客中心

📍Königstraße 1a(中央車站斜對面)

🕐10:00~18:00（週日至
15:00）

◎機場遊客中心

📍3航廈入境樓層

🕐週一~週五10:00~18:00

🚫週六、週日及公眾假日

其他旅遊相關資訊

氣候

　　巴登符騰堡邦終年位於西風帶內，受溫帶海洋性氣候支配，但愈往東部，則逐漸出現溫帶大陸性氣候的特徵。由於緯度較低，平地氣溫比德國其他區域暖和，但地形起伏較大，黑森林地區和山地常測得德國的最低溫。

若不幸發生緊急事故

◎緊急連絡電話

警察局：110或112

斯圖加特地區節慶日曆

日期	節慶	備註
1月1日	元旦(Neujahr)	國定假日
1月6日	三皇朝聖(Heilige Drei Könige)	記念東方三聖人，僅巴登符騰堡邦、巴伐利亞、薩克森安哈爾特三個邦放假
復活節前的週五	受難節(Karfreitag)	國定假日
復活節後的週一	復活節後週一(Ostermontag)	國定假日
5月1日	國際勞動節(Tag der Arbeit)	國定假日
從復活節算起第40天	耶穌升天節(Christi Himmelfahrt)	國定假日
耶穌升天節後第10天	聖靈降臨節(Pfingstmontag)	國定假日
6月	聖體節(Fronleichnam)	天主聖三節後的星期四，通常在6月，巴登符騰堡邦、巴伐利亞邦、埃森邦、北威邦、萊茵普法爾茨邦、薩爾邦共6個邦放假。
8月15日	聖母昇天日(Mariä Himmelfahrt)	僅薩爾、巴伐利亞兩邦放假
8月底~9月初	斯圖加特葡萄酒節(Stuttgarter Weindorf)	德國最大的葡萄酒節，葡萄酒和美食的盛宴。
9月底~10月中	斯圖加特啤酒節(Cannstatter Volksfest)	持續2週，德國規模第二大的啤酒節，每年吸引上百萬遊客。
10月3日	國慶日(Tag der Deutschen Einheit)	國定假日
12月24日	平安夜(Heiligabend)	中午起百貨、超市、餐廳、公司行號等陸續關門放假。
12月25至26日	聖誕節	國定假日

斯圖加特市區交通

大眾運輸工具

斯圖加特的大眾運輸系統由VVS公司的U-Bahn、公車,與德鐵系統的S-Bahn構成,使用同一種收費系統。票價分為8個區段,市內絕大多數景點都在Zone 1的範圍內,只有路德維希堡宮會跨到2個區段。若是下載VVS的APP,利用手機購票(HandyTicket),票價會比較便宜。

斯圖加特交通運輸公司 VVS ⓤ www.vvs.de

短程票 KurzstreckenTicket

適用於搭乘1站S-Bahn,或3站之內的U-Bahn/公車。
Ⓢ€1.8

單程票 EinzelTicket

可在規定期限內分次搭乘或轉乘相同方向的路線。

EinzelTicket票價

票種	成人	6~14歲
1區段	€3.1	€1.5
2區段	€4	€1.8
3區段	€5.2	€2.4
4區段	€6.4	€3.1
5區段	€7.8	€3.7
6區段	€9	€4.3
全區段	€10	€4.8

4張票 4er-Ticket

若會在不同日期總共搭乘4次,或是有4人一同搭乘,會比每次購買一張單程票要稍微便宜一點,效期為3小時。

4er-Ticket票價

票種	成人	6~14歲
1區段	€11.8	€5.7
2區段	€14.6	€6.9
3區段	€19.4	€9.2
4區段	€23.9	€11.7
5區段	€29.2	€14.1
6區段	€34	€16
全區段	€37.7	€18

單人一日票 EinzelTagesTicket

效期為購買或打印隔日早上7:00，只提供1人使用。

💲1區段€6.2，2區段€8，3區段€10.4、4區段€12.8、全區段€15.6。

團體一日票 GruppenTagesTicket

最多可5人共用，效期與單人一日票相同。

💲1區段€12.6，2區段€15.5，3區段€18.4、4區段€19.9、全區段€22。

十日票10er-TagesTicket

運用彈性，較單獨購票便宜25%。

💲1區段€45，2區段€54.9，3區段€73.1、4區段€90.3、全區段€107.4。

觀光行程
隨上隨下觀光巴士
Hop-On Hop-Off Stuttgart Citytour

斯圖加特隨上隨下觀光巴士分為藍線、綠線、葡萄酒鄉等3條路線，藍線為全年行駛的市中心路線，途經王宮廣場、豬博物館、賓士博物館等8個停靠站；綠線和葡萄酒鄉路線僅4~10月行駛，綠線從市中心出發，往南前往電視塔等8個停靠站，葡萄酒鄉則是巡訪涅卡河東岸的9個景點與酒莊。

車票在遊客中心、旅遊局官網，或直接向巴士司機購買，可於24小時內不限次數上下車。上車地點請見官網。

🔽藍線：11~3月每日10:00~16:00，每小時出發；4~10月每日10:00~17:00，每小時出發。綠線：4~10月週五至週日及公眾假日11:00~16:40，每80分鐘一班。葡萄酒鄉路線：4~10月週六、週日及公眾假日10:50~16:50，每小時一班。

💲藍線成人€20、綠線成人€20、葡萄酒鄉路線成人€14，藍線+綠線成人€30、藍線+葡萄酒鄉路線成人€30

🌐www.stuttgart-tourist.de/en/stuttgart-tickets/stuttgart-citytour

雙重玩樂，既是讓人著迷的車迷天堂也是宜人的綠色都會！

斯圖加特
Stuttgart

斯圖加特
Stuttgart

對汽車迷來說，斯圖加特擁有致命的吸引力，因為賓士和保時捷的博物館都座落在這裡，這兩個廠牌從創始到現在幾乎所有的車款都在博物館中完整展示，足以讓愛車之人樂不思蜀。然而斯圖加特仍與一般認知中的現代大都會不同。市區內擁有廣闊的綠地與公園，距離中央車站僅5分鐘路程的山坡上，就能看得到大片葡萄園，而市中心最熱鬧的國王大街沿路都是歌劇院與王室花園，還有一條貫穿整個市區、綿延整整8公里的綠地散步道。如此綠蔭處處又極為悠閒的城市，讓人很輕易就愛上了。

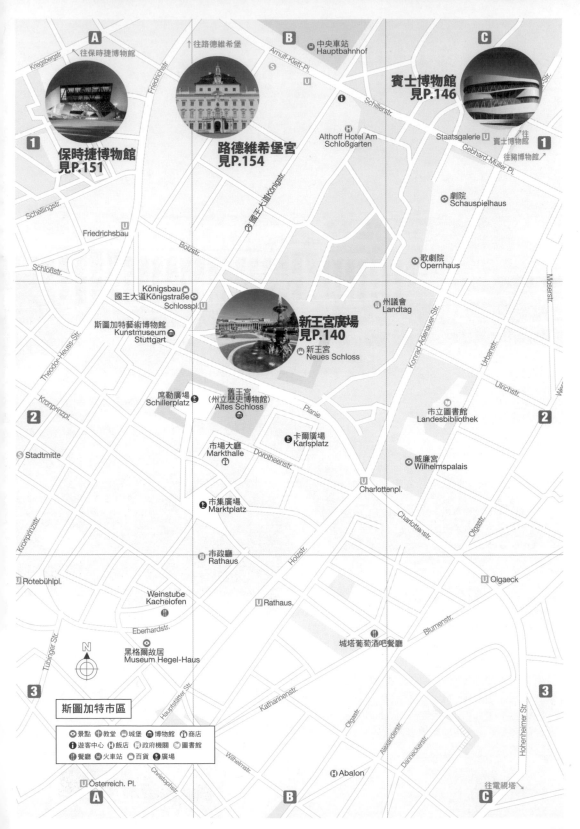

A ←往保時捷博物館 Kriegsbergstr.

↑往路德維希堡

B 中央車站 Hauptbahnhof

Arnulf-Klett-Pl.

C 賓士博物館 見P.146

Friedrichstr. Schillerstr. Str.

1 保時捷博物館 見P.151

路德維希堡宮 見P.154

國王大道Königstr.

i

Althoff Hotel Am Schloßgarten

Staatsgalerie 賓士博物館 往

往豬博物館 ↗

Gebhard-Müller Pl.

1

劇院 Schauspielhaus

Schellingstr.

Friedrichsbau

Bolzstr.

歌劇院 Opernhaus

Moserstr.

Schloßstr.

Königsbau 國王大道Königstraße Schlosspl.

斯圖加特藝術博物館 Kunstmuseum Stuttgart

新王宮廣場 見P.140

州議會 Landtag

Konrad-Adenauer-Str.

Urbanstr.

Ulrichstr.

Theodor-Heuss-Str.

新王宮 Neues Schloss

Kronprinzpl.

席勒廣場 Schillerplatz

舊王宮 (州立歷史博物館) Altes Schloss

Planie

市立圖書館 Landesbibliothek

Weststr.

2

Stadtmitte

卡爾廣場 Karlsplatz

威廉宮 Wilhelmspalais

2

Kronprinzstr.

市場大廳 Markthalle

Dorotheenstr.

Charlottenpl.

市集廣場 Marktplatz

Charlottenstr.

Olgastr.

市政廳 Rathaus

Holzstr.

Olgaeck

Rotebühlpl.

Weinstube Kachelofen

Rathaus.

Blumenstr.

Eberhardstr.

Tübinger Str.

N

黑格爾故居 Museum Hegel-Haus

城塔葡萄酒吧餐廳

Hohenheimer Str.

3

斯圖加特市區

Haußstatter Str.

Katharinenstr.

Olgastr.

Alexanderstr.

Danneckerstr.

3

◎ 景點　✝ 教堂　🏰 城堡　🏛 博物館　🛍 商店
ℹ 遊客中心　🅗 飯店　🏛 政府機關　🏛 圖書館
🍴 餐廳　🚉 火車站　🏬 百貨　🅛 廣場

Wilhelmstr.

Christophstr.

🅗 Abalon

往電視塔

A Österreich. Pl.

B

C

絕對沒有過譽！
歐洲最美麗的廣場讓人流連忘返～

斯圖加特：新王宮廣場

MAP
P.139
B2

新王宮廣場
Schlossplatz

新王宮所在地的新王宮廣場與美輪美奐的巴洛克花園是市民們的最愛。

廣場中央30公尺高的紀念柱上，是凝望著它的國度的和諧女神，兩旁各有一座巨大的噴水池，周圍一片翠綠草坪與絢麗花床，因此常被譽為「歐洲最美麗的廣場」。這裡也是許多活動，諸如露天音樂會與斯圖加特夏季嘉年華的場地。

U-Bahn：搭乘U5、U6、U7、U12、U15至Schlossplatz站，出站即達。

至少預留時間
隨意逛逛
1小時
參觀各個景點並逛街
3小時

©Stuttgart-Marketing GmbH

造訪新王宮廣場理由

1 有「歐洲最美麗的廣場」之稱

2 在國王大道具古典風貌的 Königsbau購物都變得有氣質了

3 登上世界第一座電視塔，一起打造記錄！

©Stuttgart-Marketing GmbH

怎麼玩才聰明？

斯圖加特卡

如果你打算好好在斯圖加特趴趴走並參觀博物館，建議買張**斯圖加特卡**，持卡可參觀所有博物館，不含公共交通工具的票價分別為24小時€24、48小時€30、72小時€35；含公共交通工具的票價分別為24小時€33、48小時€43、72小時€53。

看新王宮廣場最好角度

欣賞新王宮廣場最好角度，是在斯圖加特藝術博物館**頂樓的玻璃外牆**內，從大廳上到這裡並**不需要門票**，因此吸引不少人來此觀景。

熱紅酒

斯圖加特以葡萄酒出名，而**熱紅酒**(Glühwein)是冬天時的喝法，保暖又有另一番風味，冬季來此可以試試！

新王宮花園

這裡有清涼的噴泉、鮮花、樹蔭和草地，是野餐、休息或避暑的好地方，重點是**免費入場**！

冬天的廣場顯得冷清，但廣場中央的紀念柱散發出了一種孤傲的美。

Did YOU KnoW

銀禧紀念柱上的是女神

整個新王宮廣場上最亮眼處，是高約30公尺的銀禧紀念柱，這是1841年為紀念國王威廉一世統治25週年而建。另外，在1863年則在柱子上放置高約5公尺的康科尼亞和諧女神。

夏季時分，總是聚集不少在此野餐、散步的市民。

圖書館是最夯的新景點

斯圖加特有座於2011年完工的市立圖書館，於1999年全球235件建築競圖中脫穎而出的優秀設計，由韓籍建築師李恩揚勝出，這是一棟巨大的純白立方體建築，設計以線條俐落簡單為主，內部中空可以看到各樓層一排排的書牆，讓人置身在書籍的環繞的喜悅之中，非常特殊與獨特，已於2013年贏得年度圖書館大獎。

©Stadtbibliothek am Mailänder

遠近馳名的聖誕市集

德國的聖誕市集馳名世界，而斯圖加特的浪漫級數可算是很高的，特別是聖誕市場的攤位，幾乎都會有燦爛的尖頂，相當特別。若有計畫，聖誕節期間造訪是很不錯的時機！

©Stuttgart Tourism

斯圖加特：新王宮廣場

斯圖加特狂歡節 (Cannstatter Volksfest)

1815~1817年全球氣候變遷讓符騰堡地區迎來了長達兩年多的極端氣候，溫度劇烈下降，作物欠收，1817年春暖花開後總算恢復了正常，為了慶祝當年度久違的大豐收，符騰堡國王威廉一世在隔年1818年9月28日(他本人的生日)於斯圖加特的Cannstatter Wasen廣場舉辦了狂歡節，往後每年的這一天人們都會在這一天飲酒狂歡，活動越來越盛大，直到20世紀初人們發現1天的狂歡根本不夠，隔天如果還要上班更慘，於是節慶變成了5天。隨著觀光客越來越多，1972年的斯圖加特狂歡節首次持續了長達16天，如今這個慶典已經被視為是規模僅次於慕尼黑的啤酒節了。

不像慕尼黑啤酒節吸引了大批瘋狂的貪杯客，斯圖加特狂歡節保留了更多地方節慶的傳統，氣氛熱烈又不失溫馨，是不一樣的體驗。

🚇搭乘U-bahn U1、U2、U9、U15至Cannstatter Wasen站即可抵達

📍Cannstatter Wasen

🕐每年9月底至10第二個週日

🌐http://cannstatter-volksfest.de/de/landing-page/

©Stuttgart Tourism

必看重點

放慢步調，
感受斯圖加特的美感與知性！

由於建築時間太長，經過了三、四代統治者，風格上結合了古典主義、巴洛克、洛可可與新古典主義。

©Stuttgart-Marketing GmbH

斯圖加特：新王宮廣場

MAP P.139 B2

新王宮
Neues Schloss & Schlossplatz

這座新王宮於1746年開始興建，期間經過無數次停工與毀壞，總工程師換過一個又一個，終於在1807年建成。

如何前往
搭乘U5、U6、U7、U12、U15至Schlossplatz站，出站即達。

　原本符騰堡公爵的王宮是今日位於席勒廣場上的符騰堡邦博物館，不過這座建於10世紀、充滿騎士時代風情的城堡，在18世紀已顯得相當過時，因此當卡爾歐根公爵即位後，便以建造新王宮作為把首府從路德維堡遷回斯圖加特的條件。這座奢華的新宮中間歷經波折，終於在19世紀初完工，作為弗烈德里希一世(Frederick I of Württemberg)稱王的慶賀。

 今日新王宮內部是符騰堡政府機構所在，並不對外開放參觀！

Did YOU KnoW

浴火重生的新王宮

二戰時，新王宮慘遭砲擊，戰後一度面臨拆除命運，所幸在當地市民連署請願下，當局同意加以重建，目前王宮已是一座混凝土鋼骨結構的現代建築，只是外觀上仍維持符騰堡王國時代的舊貌。

143

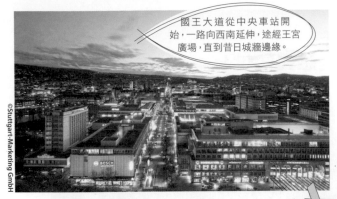

國王大道從中央車站開始，一路向西南延伸，途經王宮廣場，直到昔日城牆邊緣。

©Stuttgart-Marketing GmbH

Königsbau裡頭包括購物商場、美食街和商辦中心

Müller是德國連鎖的商店，商品種類多樣，也有藥妝，值得一逛。

🎁 MAP P.139 A2　國王大道 Königstraße

如何前往

位於王宮廣場上

國王大道總長大約1公里。在這條行人徒步大街上，商店與百貨公司林立，消費氣氛相當熱絡，而街頭攤販與表演藝人們更是把街景弄得熱鬧非凡。整條大街上最吸引人目光的購物商場，就是王宮廣場正對面的Königsbau，是斯圖加特最古老的購物拱廊。

披著古典衣裳的購物中心Königsbau

這座望過去像是博物館的購物中心Königsbau，正面擁有135公尺長的列柱廊，看上去就像座希臘神廟般，是座優美的古典主義風格建築。

其完工於1860年，當時做為商業活動、音樂表演和球類比賽場地。2005年改建後，變身為複合式的多功能商業大樓。Königsbau的門口就有U-bahn車站，進出都超方便。

🏛 MAP P.139 A2　斯圖加特藝術博物館 Kunstmuseum Stuttgart

如何前往

位於王宮廣場上

info

📍Kleiner Schlossplatz 1

☎(0)711 2161-9600

🕐10:00~18:00(週五至21:00)

休週一

💰成人€6、優待票€4，18歲以下免費(特展另外收費)。

🌐www.kunstmuseum-stuttgart.de

開幕於2005年的藝術博物館，先不論裡頭收藏，光是其外觀本身，就已是一大藝術傑作。藝術博物館的大部分展館皆位於地面之下，利用舊時隧道改建而成，總展示面積廣達5千平方公尺。館藏以當代藝術及古典現代主義(Classical Modernism)為兩大主軸，而最

建築師先用石材建了一個「核心」，再為這棟建築「穿上」一層玻璃外衣，成就出一座巨大的玻璃正立方體。

奧斯卡‧柯克西卡(Oskar Kokoschka)的表現主義風格作品

迪克斯的作品，描繪女性在濃妝和時尚的打扮下扭曲的心境。

令館方自豪的，就是收藏有大量新客觀主義(Neue Sachlichkeit)大師奧圖‧迪克斯(Otto Dix)的作品。

延伸行程

美麗的堅持，
全世界第一座電視塔來自斯圖加特～

©Stuttgart Tourism

©Stuttgart-Marketing GmbH

©Stuttgart-Marketing GmbH

景觀平台結構看似簡單，可是當年為克服承重問題，著實費了一番功夫。

MAP P.139 C1外 👁 **電視塔**
Fernsehturm

如何前往
◎U-Bahn：搭乘U7、U8、U15至Ruhbank (Fernsehturm)站，出站即可看到。

info
🏠Jahnstraße 120–124
☎(0)711 232-597
🕐4~10月10:00~22:00，11~3月10:00~21:00 (週日至19:00)，最後入塔時間為閉館前30分鐘。
💲成人€10.5，6~15歲€5.5
🌐www.fernsehturm-stuttgart.de

　斯圖加特電視塔建成於1956年，是世界上第一座電視塔。由於斯圖加特電視塔的成功，不久後世界各地便開始如雨後春筍般冒出一座座電視塔，而它們的範本全都來自斯圖加特。

　其實南德廣播公司最初只打算單純豎立一座天線鐵塔，可是總工程師萊昂哈特(Fritz Leonhardt)卻將高塔設計成圓柱狀的混凝土體，並在塔頂架設觀景平台與餐廳，這種堅持成就了全世界第一座電視塔。

試，當年曾被《Spiegel》雜誌評為當年度最大膽建築體。這種首次結合通訊與旅遊的嘗

登上電視塔位於一百五十二公尺處的觀景台，可看盡斯圖加特盆地、涅卡河谷地、黑森林與整個施瓦本地區，天氣好的時候，還能看到阿爾卑斯山。

斯圖加特：新王宮廣場

Did YOU KnoW

飽覽斯圖加特的好選擇

1.電視塔
2.協同教堂(大聖堂)

葡萄美酒配傳統施瓦本料理

德式餛飩 (Maultaschen) €22
推薦菜

城塔葡萄酒吧餐廳
Schellenturm Stuttgart – Weinstube & Restaurant

Schellenturm Stuttgart – Weinstube & Restaurant

葡萄酒和施瓦本料理

這間1980年所創立的餐廳，坐落在一個始建於1564年的城牆夾塔裡，順著螺旋梯而上，室內氣氛古色古

香。店內以當地的施瓦本料理和眾多葡萄酒選擇見長，在這裡吃不到烤豬腳，但施瓦本烤肉(Swabian Roast)、德式餛飩(Maultaschen)、羊排等頗受好評。

📍P.139B3　🚇搭乘U5-7、U12、U15至Olgaeck站，再步行約300公尺可達。　🏠Weberstraße 72　☎(0)711 3000-5752　🕐週二到週六16:00~24:00
www.schellenturm-stuttgart.de

不能只有我看到，車迷必來朝聖，一起見證汽車發展史！

賓士博物館帶你回到19世紀，那個一切交通工具都以人力或畜力作為動能的時代，再一路見證汽車的發展。

斯圖加特：賓士博物館

Mercedes-Benz Museum

賓士博物館
Mercedes-Benz Museum

MAP
P.139
C1外

與保時捷博物館以賽車和跑車為主軸不同，賓士博物館走的是歷史路線，陳列大多以古董車為主。在博物館裡，你可看到1882年首次對馬達驅動交通工具所作的嘗試，及1888年四輪汽車的雛形，當然還有1902年第一輛梅賽迪斯賽車。

🏠Mercedesstrass 100, Stuttgart
☎(0)711 173-0000
🕐9:00~18:00
🚫週一
💰成人€16、13~17歲€8。16:30後入場半價。
🌐www.mercedes-benz.com/en/art-and-culture/museum/

S-Bahn：搭乘S1至Neckarpark站，出站後沿途都有往博物館的指標，步行約600公尺即達。

至少預留時間
一般參觀
1小時
愛車成癡
3小時

怎麼玩才聰明？

參觀路線

先搭乘電梯到**頂樓**，再**一路逛下來**才是正確的參觀順序。

↓

參觀工廠

可**預約參加**「Discovery Tour COMPACT PLUS」(全程75分鐘) 或「Discovery Tour INTENSIVE」 (全程1小時45分鐘)，參觀位於 Sindelfingen的賓士工廠生產線，在導遊的陪同下，一探賓士車輛製作過程，近距離了解賓士工廠如何利用最新技術製造車輛。有興趣的遊客需提前上網預約：www.mercedes-benz.de/passengercars/customer-center/sindelfingen/werkbesichtigung.html，若對預訂有任何疑問，可透過電子郵件聯繫 visit50@mercedes-benz.com

造型奇異的未來概念車。

專為教宗設計的車款。

劃時代的設計，暱稱「鷗翼」的Mercedes-Benz 300SL，當然也不會在這裡缺席。

❶汽車的發明

介紹汽車出現之前人類的各種交通工具。直到戴姆勒在1883年發明了汽油引擎，並與賓士在19世紀末分別創立了自己的汽車工廠，賓士更是全世界第一個製造出以內燃機為動力的汽車且可以實際上路的人。

關於賓士的二三事

賓士不只是首屈一指的汽車廠牌，事實上，它也是第一座生產汽車的工廠。19世紀末，戴姆勒(Daimler)與賓士(Benz)各自成立了自己的汽車工廠，經過多年競爭，終於在1926年合併為「戴姆勒賓士公司」。而梅賽迪斯(Mercedes)之名，則來自當時一位大客戶女兒的名字，他要求戴姆勒為他設計的賽車，在各大賽事中橫掃千軍，為梅賽迪斯打響名號，後來逐漸成為戴姆勒的主要品牌。但據說梅賽迪斯小姐本人並不會開車，也沒有駕照。

❷品牌的誕生

我們熟悉的Mercedes(梅賽迪斯)其實是一個奧地利商人女兒的名字，這位商人幫DMG銷售汽車，並以Mercedes掛牌生產，久而久之梅賽迪斯就和DMG劃上等號了。一戰後市場萎縮，DMG跟Benz & Cie. 於1924年合併。

斯圖加特：賓士博物館

❻嶄新的開始

安全、環保是我們這個世代很關心的議題，在車子的發展上也是如此。這一區我們可以看到的車款都很新，發展的重點在無排放、省油或是電動車，改變對我們來說已經是現在進行式了。

❸時代的改變

隨著時代的演變，柴油機和增壓器的改良讓汽車的引擎也越來越進步。進入二戰期間，賓士也投入研發航空用的引擎，並且有生產出飛機！

❼銀色之箭矢

賓士一直以來都有投入在競技賽車這個領域，這裡展出的是賓士車隊歷代的賽車，還有未來感十足的概念跑車。

❹戰後的奇蹟

戰後國際局勢逐漸穩定下來，人們對汽車的要求越來越多，除了性能要好，要更安全、更舒服還要更好看。

只可遠觀的超級跑車，就算只能拍照也值得了！

博物館外正在試車的賓士SLS AMG，這台雙門跑車最大的特色是一對可以像翅膀般張開的車門。它的性能更是比照F1賽車，從0到100km/h只要3.8秒，尾速可以達到300km/h以上，當初在台灣上市時限量20台，是非常稀有的超跑，來到這裡記得要跟它合照留念，畢竟看到這台車的機會很難得。

❺未來的願景

隨著人們的環保意識抬頭，大眾交通工具越來越受到重視，賓士也不斷推陳出新，研發各種不同功能的車款。

延伸行程
就是萌萌的，
這家博物館帶給你滿滿的…豬！

豬博物館主人收藏豬系列產品已持續了40餘年，至今還沒有停止。

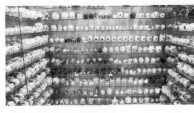

來自全世界、各式各樣的小豬撲滿，總共有兩千多個。

博物館門口大大的Schlachthof字眼，就是德文中的屠宰場。沒錯，這裡曾經是屠宰場，目前還展示從前捕獲野豬的方式。

事實上，在這裡參觀所看到的還不及收藏的一半，可以想見博物館主人愛豬成癡的程度。

博物館外面就陳列了許多可愛的豬，遠遠看到就知道博物館在哪了。

斯圖加特：賓士博物館

MAP P.139 C1外

豬博物館
Schweine Museum

如何前往
從賓士博物館搭乘45號公車至Schlachthof站，下車後沿Wangener Str.南行，左轉Schlachthofstr.即達，步行全程約220公尺。

info
⌂Schlachthofstraße 2a ☏(0)711 6641-9600
🕙10:00~17:00（週末11:00起）休週一
$成人€5.9（特展期間€6.9），7~14歲€3，4~6歲€1.5
🌐www.schweinemuseum.de

也許對許多人而言，豬是一種既笨且髒的動物，也有不少故事把豬塑造成好吃懶做的形象，而伊斯蘭教徒更是視豬為不潔。不過對豬博物館的主人而言，從來沒有一種生物比豬更可愛討喜、更完美無瑕，她大量蒐集有關豬的產品，並於1992年時開了這座博物館；館內陳列超過25,000件，如果全部變成活豬的話，足夠一個村子吃上一年。

Did YOU KnoW
豬在德國人心目中好棒棒

豬的生育能力強、體質好，因此在傳統日耳曼文化中豬是很神聖的動物，這樣的文化一路流傳到了今天，德文中有句諺語：「Schwein haben」，字面意思是擁有一隻豬，引伸的含義就是幸運。甚至德國有些人的姓氏中就有豬這個字，例如知名的足球員Bastian Schweinsteiger，他的綽號就是小豬。

斯圖加特豪華名車再一發，保時捷博物館再讓車迷如痴如狂！

造訪保時捷博物館理由

1. 車迷來朝聖還需要理由嗎！

2. 與多款經典車零距離接觸

3. 見證跑車工業龍頭的演進

保時捷博物館
Porsche Museum

MAP
P.139
A1外

⌂Porscheplatz 1, Stuttgart-Zuffenhausen
☎(0)711 9112-0911
◷9:00~18:00(售票至17:30) 休週一
⑤成人€12、優待票€6，14歲以下免費。
www.porsche.com/international/aboutporsche/porschemuseum

　　在這間博物館中，展示保時捷從創始到現在，幾乎所有車款，從為保時捷打響品牌名號的保時捷356系列到豎立現代跑車里程碑的保時捷911系列。保時捷的工程師們絞盡腦汁、不斷開發新的技術，以求在賽場上取得佳績。相較於市場利益考量，這種對性能和速度專注的追求，反而才是促使每一代保時捷不斷升級的動力。

S-Bahn：搭乘S6至Neuwirtshaus站，出站即達。

至少預留時間
一般參觀
1小時
愛車成癡
3小時

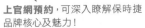

怎麼玩才聰明？

晚間門票

下午17:00之後入館參觀，門票可享**半價優惠**喔！(成人€6、優待票€3)

↓

參觀工廠

上官網預約，可深入瞭解保時捷品牌核心及魅力！

↓

語音導覽免費

參觀博物館時可以**免費借用中文版的語音導覽機**喔！

和賓士有多種不同用途的車款不一樣，保時捷的主力就是跑車，所以這裡有滿滿的跑車。

性能優異的引擎是保時捷的驕傲。

車迷們津津樂道的一款限量超級跑車Carrera GT，看到賺到。

從賽車版的911可看到當時各大賽事與市售車款的關係是如何緊密結合的。

Did YOU KnoW

虎式坦克也出自保時捷之手

保時捷的創始人斐迪南·保時捷(Ferdinand Porsche)原是戴姆勒車廠的設計師，曾為戴姆勒設計出多款名車。後來斐迪南與兒子、女婿自立門戶。二戰期間，德軍的閃電戰震撼歐陸，所向披靡。閃電戰的主角是納粹的裝甲部隊，其中的主力虎式坦克在性能上碾壓盟軍的坦克，這款戰車就是出自保時捷父子之手，由此也可看出保時捷在性能及速度上的卓越要求。

保時捷Logo的由來

和BMW一樣，保時捷也以發跡的家鄉城市為榮，Logo中央的馬是斯圖加特的城徽，其它部份完全來自斯圖加特所屬的符騰堡邦的徽章，兩者構成了保時捷英氣十足的經典Logo。

除了跑車還是跑車，夢幻車款大集合！

❶356

保時捷創始人斐迪南·保時捷(Ferdinand Porsche)是一位汽車工程師，二戰前他所設計的金龜車受到希特勒的讚賞，戰爭爆發後他的團隊替納粹設計戰車，因此保時捷戰後成為戰犯。出獄後他以當年設計的金龜車為藍圖，前後修改了356次推出了這款Porsche 356，這不但是經典車款，也是第一款以保時捷為名的車款。

❷911

1963年保時捷推出這款跑車中的夢幻逸品，招牌的青蛙眼大燈和流線的車身，Porsche 911有著迷人的外型。性能上也是非常的優異，因此推出後大受歡迎，至今出了七代，每一代都有很多不同的版本，是上個世紀全世界最經典的車款之一。

❸Boxster

這款車系是保時捷推出的兩門敞篷跑車，承襲保時捷經典的設計元素和優異的性能，加入了復古、低調又不失質感的敞篷造型，形成Boxster摩登都會的風格，是都會時尚型男的夢想。而Boxster小巧、秀氣的特色讓它也成為十分受女性歡迎的車款。

❹917

跑車的表現受到歡迎，保時捷在賽車場上當然也不能示弱，Porsche 917曾被選為史上最偉大的賽車，它替保時捷贏得第一座Le Mans大賽的冠軍，承襲保時捷一貫流線的優美曲線，Porsche 917最大的特色是「輕」，讓原本性能出色的引擎有了更搶眼的表現。

斯圖加特：保時捷博物館

 大顯神威金龜車

保時捷剛開始設計汽車時就希望能打造一款國民車，讓每個人都能擁有，於是他和他的團隊設計出了金龜車，希特勒也有同樣的想法，他在許多設計中選中了保時捷設計的金龜車，並準備量產讓它國民化，可惜的是戰爭接著就爆發了。整個德國工業都投入了戰爭機器的生產。戰後經濟蕭條，因為金龜車經濟耐用的特性，迅速在市場上大顯神威，也成為和Porsche 911一樣的世紀經典車款。

施瓦本的凡爾賽宮，
巴洛克、洛可可和新古典的完美結合

斯圖加特：路德維希堡宮

MAP
P.139
B1外

路德維希堡宮
Schloss Ludwigsburg

這座宮殿為符騰堡公爵艾柏哈德·路德維希(Herzog Eberhard Ludwigs)於1704~1733年所建，最初是座獵宮，後來周遭發展成城市，加上斯圖加特舊王宮顯得過時，使新城路德維希堡一度成為公國首府。艾柏哈德死後，繼任者們又依當時的流行改建宮殿，使今日的路德維希堡宮同時具有巴洛克、洛可可、新古典主義3種建築風格。

參觀宮殿的行程中，可以看到當時權傾一世的大貴族們生活的面貌，他們的房間擺設、廳室長廊、起居空間與遊戲娛樂等。

S-Bahn：搭乘S4、5至Ludwigsburg站，出火車站後，沿車站正對面的Myliusstr.直行，至底左轉進Arsenalstr.，走到底再右轉Wilhelmstr.，到了大馬路Schloßstr.左轉，再走約400公尺即達宮殿大門，步行全程約1.3公里。
公車：從S-Bahn下站後，亦可轉乘421、427、430、443、444號公車，至Residenzschloss站即達。

至少預留時間參觀宮殿1.5小時
同時參觀宮殿、博物館和花園3~4小時

造訪路德維希堡宮理由

1 德國最大的巴洛克建築

2 被譽為施瓦本的凡爾賽宮

3 浪漫的法式花園美不勝收，在此悠遊心曠神怡。

怎麼玩才聰明？

步行前往

從火車站可選擇轉乘公車抵達目的地，也可步行約10~15分鐘；後者雖然要花點時間，但沿路有許多可愛的裝置藝術，選擇走路才不會錯過這個特殊風景！

↓

英文定時導覽

英文導覽場次有限，4~10月英文導覽為週一~週五及國定假日13:15、15:15兩場次，11~3月英文導覽為每日13:15一場次，其他場次都是德文導覽，想參加英文導覽進宮參觀的遊客要注意導覽時間！

從公爵變國王

1800年，符騰堡的弗烈德里希(Friedrich)公爵為了換取破崙對符騰堡的保護，同意拿破崙提出的條件，於1806年，被冊封為符騰堡國王弗里德里希一世，公爵從此升級成國王。

弗烈德里希公爵

🏠 Schlossstraße 30, Ludwigsburg ☎ (0)71 4118-6400

🔽 參觀宮殿必須由專人導覽，4~10月每日10:00~17:00，每30分鐘一梯導覽(英文導覽為週一~週五及國定假日13:15、15:15)。11~3月週一~週五10:00~16:00 (週六、週日11:00起)，每30分鐘一梯導覽(英文導覽為每日13:15)。

💲 宮殿成人€9，優待票€4.5，任選1個博物館(含語音導覽)成人€4、優待票€2。

🌐 www.schloss-ludwigsburg.de

◎ 兒童博物館

🔽 僅在4~10月週六14:00~16:00開放參觀，而且必須事先預約。

💲 聯票成人€8、優待票€4

◎ 時尚博物館與陶瓷博物館

🔽 4~10月週六、週日及國定假日10:00~17:00

💲 成人€3，優待票€1.5

整座宮殿的範圍內，共有18棟建築物、452個房間，裝飾佈置極盡華麗之能事，被譽為「施瓦本的凡爾賽宮」。

華麗宮殿裡面有什麼？
宮廷藝術帶你一次看完！

❶陶瓷博物館Keramikmuseum

這裡收藏了許多來自義大利的陶瓷作品，受到文藝復興的影響，這些來自義大利的陶瓷器彩繪的主題都以宗教人物和故事為主。此外的大部分收藏都是裝飾華麗的洛可可風格瓷器。

❷巴洛克畫廊Barockgalerie

符騰堡公爵家族歷代收購了許多巴洛克風格的宮廷畫，欣賞巴洛克畫風的作品重點在於人物，宮廷畫家和這時期的畫家擅長用光影的對比捕捉人物的特徵。因此巴洛克畫風也以人物肖像畫為主。（目前進行整修中）

❸時尚博物館Modemuseum

我們常常在電影中看到歐洲宮廷時代的華麗服裝，親眼看到的機會可就難得了，這裡陳列了當時貴族的服飾以及現代的時尚中許多當時留下來的經典元素。

❹公爵房間Appartement

參觀宮廷最重要的當然就是感受貴族們過著如何的生活，雖然看到的都是表面上的物質生活而已，但是已經足以窺知一二。（目前進行整修中）

❺兒童博物館Kinderreich

這裡有許多互動式的展件讓小朋友可以體驗宮廷生活！還可以讓小朋友穿上貴族的禮服，當個一日小王子或小公主。

❻宮殿外花園——「盛開的巴洛克」Blühendes Barock

宮廷外的花園，精心排列詭麗輻輳的花海，替園區增添了生氣，每年都吸引絡繹不絕的遊客，愛花的人千萬不能錯過。

有此一說～

宮殿裡的大尺寸傢俱

據説弗烈德里希一世身形高大肥胖，這裡許多傢俱用品也因此設計成大尺寸。

離開斯圖加特的周邊小旅行

參 觀完賓士博物館、保時捷博物館和歐洲最美麗的廣場還不過癮嗎？別擔心，斯圖加特所處的巴登符騰堡邦可以說是好山好水，風光明媚，逛膩了古蹟、博物館或是購物街，這裡是很好令人放鬆的地方。不過這一區的景點各自間都有點距離，如果想省時間，租車出遊是不錯的方法。在接下來的篇章裡，我們會介紹幾個斯圖加特周邊適合小旅行的景點，包括烏爾姆、霍亨佐倫堡、巴登巴登、弗萊堡、特里堡和康斯坦茨，你可以根據自己時間的長短與個人喜好來挑選目的地，如果時間寬裕，也可以串連成一條路線。

斯圖加特及其周圍

巴登巴登
Baden Baden

卡爾夫
Calw

斯圖加特
Stuttgart

圖賓根
Tübingen

烏爾姆
Ulm

霍亨佐倫堡
Burg Hohenzollern

特里堡
Triberg

弗萊堡
Freiburg

梅斯基希
Meßkirch

梅爾斯堡
Meersburg

康斯坦茨
Konstanz

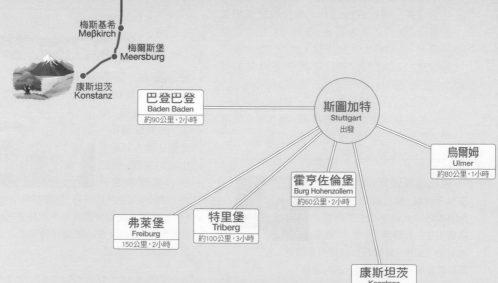

巴登巴登
Baden Baden
約90公里，2小時

斯圖加特
Stuttgart
出發

烏爾姆
Ulmer
約80公里，1小時

霍亨佐倫堡
Burg Hohenzollern
約60公里，2小時

弗萊堡
Freiburg
150公里，2小時

特里堡
Triberg
約100公里，3小時

康斯坦茨
Konstanz
約190公里，2.5-3小時

※所有里程數及時間，皆以從斯圖加特出發計算

157

 MAP P.157, 158 烏爾姆 Ulm

如何前往

從斯圖加特搭乘ICE或EC，車程不到1小時即達；從法蘭克福搭乘ICE，車程約2小時20分；從慕尼黑搭乘ICE或EC，車程約1小時15分。

　　這個從12世紀開始即拜河運所賜發達繁榮的城市，曾經以多金聞名，直到16世紀才因戰爭落沒。德國統一後這裡建了兵營成為一座工業城市，二戰後期遭到嚴重轟炸，全烏爾姆有8成建築遭到摧毀。

　　但舊城區裡仍保存著一些歷史悠久的建築，尤其是在多瑙河畔狹小巷弄裡，矗立著好幾幢半木造的桁架屋，古意盎然。

這裡是愛因斯坦的故鄉！

提出相對論，對近代物理學有巨大貢獻的偉大科學家愛因斯坦，就是出生在烏爾姆，雖然他1歲多就搬離了這裡，這座城市依然掛念著他，並以他為榮，替他豎立了一座紀念碑。

愛因斯坦

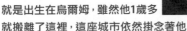 有此一說～

感恩麻雀、讚嘆麻雀！

漫步在烏爾姆，到處都可看到「麻雀」的裝置藝術，這是在地人對麻雀感恩的態度。原來從前在蓋教堂時

候，運送橫擺巨木的馬車，怎樣都無法把木頭運進城門，這時有人看到麻雀側身將常長長的樹枝，啣進石縫裡築巢，點醒了眾人把橫放的巨木改成直行穿越，因而成就了大教堂。

去一趟車程不到1小時，半天或一天遊時間都剛剛好

\ 推薦1 /

距離斯圖加特
位於斯圖加特東南方，距離約80公里。

高速火車路程
約15分鐘

始建於1370年的市政廳，最初是一幢商館，外牆上布滿華麗的壁畫。

1811年，當地一位裁縫師製造了一架人類最早的滑翔翼，可惜沒有飛行成功，墜入多瑙河。目前市政廳內部展示著他所發明的滑翔翼模型。

在德國最常被提到的河流是萊茵河，但是在烏爾姆看到的多瑙河(Donau)也是許多文人墨客歌頌的對象。

Highlights：在烏爾姆，你可以去～

烏爾姆大教堂Ulmer Münster

14世紀時，富裕的烏爾姆城裡沒有教堂，一旦有戰亂，市民們便無法到1公里外的教堂裡做禮拜，所以市民們決定在城裡建造教堂。

始建於1377年的烏爾姆大教堂，由當時建造哥德式教堂經驗豐富的建築世家帕爾勒(Parler)負責，後來執行任務轉移到恩辛格(Ensinger)家族，卻始終未能達成建造超過150公尺高的教堂的夢想，修建工程並延宕多年，直到1890年才圓滿完工。

📖P.158 🚶從火車站步行約9分鐘可達 🏠Münsterplatz 21 🕐教堂4~10月中9:00~18:00，10中~3月10:00~17:00，聖誕市集期間10:00~18:00。登塔4~9月9:00~17:00，10~3月10:00~16:00 💲教堂免費；登塔成人€7，7~17歲€4.5 www.ulmer-muenster.de

西側的主塔高達161.53公尺，比157.4公尺的科隆大教堂還高，是全世界最高教堂，天氣好時，登上塔樓可看到阿爾卑斯山脈。

第二次世界大戰末期，烏爾姆被轟炸得相當慘重，幸好大教堂躲過戰火，屹立至今。

氣勢不凡的中殿僅次於科隆大教堂，最多可容納3萬人。

📖 歷經宗教改革的洗禮

和德國許多其他的教堂一樣，原先是天主教堂的烏爾姆大教堂，歷經了馬丁·路德的宗教改革，在1529年轉為新教教堂。

去一趟車程才1小時，半天或一天遊時間都剛剛好

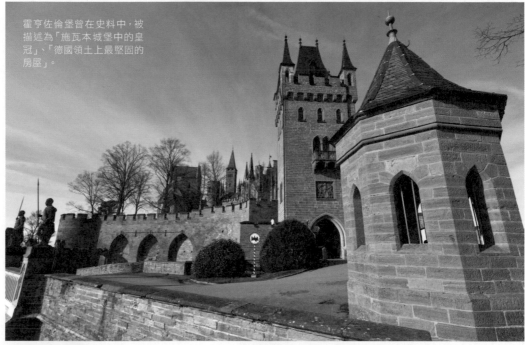

霍亨佐倫堡曾在史料中，被描述為「施瓦本城堡中的皇冠」、「德國領土上最堅固的房屋」。

 MAP P.157 ### 霍亨佐倫堡 Burg Hohenzollern

如何前往

從斯圖加特搭IRE到黑興根(Hechingen)，車程約1小時。從黑興根火車站外搭乘306、344號公車至Burg Hohenzollern站，即達城堡下方的停車場及售票處，不過這兩班公車班次不多，請務必注意時間。從售票處可直接徒步前往城堡，上山約15分鐘、下山10分鐘；亦可從售票處旁再搭乘接駁小巴至城堡大門，車資已包含在門票中。

info

☎(0)7471 2428　◔4~10月10:00~18:30 (城堡內部展示廳至18:00)，最後進入城堡的時間為17:00。11~3月11:00~17:00 (展示廳可能不開放)。 休2024年9/7、11/25、11/26、12/2、12/3、12/9、12/10、12/16、12/24、12/31　$成人€26、學生€16、12~17歲€14，官網購票折扣€3　www.burg-hohenzollern.com

接駁公車每天班次有限
對外交通安排得班次很少，除非自行開車或借重計程車，否則造訪時需預留出一整天的時間或是提早出發，確保不會錯過每天班次有限的公車。

霍亨佐倫堡最初建於11世紀，是歷史上產生多位普魯士國王、德意志帝國皇帝家族的發跡地，可惜15世紀在一場動亂中被完全摧毀。

直到1819年，普魯士王子──也就是日後的威廉四世造訪這處祖先的基業時，興起重建的念頭，這項心願終於在1850年付諸實現。

城堡目前仍屬於末代皇室的子孫所擁有，內部有公爵大廳、藍色沙龍、珍寶館、兵器庫等眾多室，收藏許多名家的繪畫、雕塑等藝術作品，和不少17至19世紀的金銀餐具、瓷器、飾品等。

室內禁止拍照

同場加映：離開斯圖加特的周邊小旅行

推薦2

距離斯圖加特
位於斯圖加特西南方，
距離約60公里。

總路程
約2小時

霍亨佐倫堡外觀屬於新哥德式，包圍在重重城牆與高塔之中，比起秀麗的新天鵝堡顯得更加固若金湯，是19世紀傑出的軍事建築兼皇室居所。

城牆的四周可以看到霍亨佐倫家族歷任國王、皇帝的巨型雕像。

城堡內保存了普魯士的國旗，棋子上的老鷹就是普魯士的國徽。

城堡坐落於黑興根的一座山丘上，遠眺的視野非常廣闊。

 膜拜歐洲戰神！

城堡內有座「腓特烈大帝」的塑像，他是著名的軍事天才，曾經帶領普魯士成為歐洲列強之一。在「七年戰爭」中奧地利聯合法國、俄國一起進攻當時的小國普魯士，依然被腓特烈大帝大敗，所以又被稱為「戰神」。

當拿破崙攻陷柏林，還曾經在腓特烈大帝墓前說：「如果他還活著，我們就到不了這裡！」

 有此一說～

其實很厲害

或許你對霍亨佐倫堡感到陌生，但實際它是位居歐洲前五大、世界十大的城堡之一！

早上出發，晚上回來，一天的時間剛剛好

來到巴登巴登，尋求的是靜養，因此整座城市步調和緩、氣氛嫻靜，與時下花樣百出的SPA，格調不盡相同。

\推薦2/

距離斯圖加特

位於斯圖加特西方，距離約70公里。

總路程

約1.5小時

巴登巴登
Baden Baden
MAP P.157, 162

如何前往

◎喀斯魯/巴登巴登機場(FKB)位在市區西方10公里處，主要飛航歐洲城市，也有往返柏林的國內航線。

◍www.baden-airpark.de

◎從法蘭克福搭乘高速火車直達巴登巴登，ICE車程約1小時20分鐘；其他班次需在Mannheim或Karlsruhe轉車，車程約1.5~2小時。

　　巴登巴登是歐洲數一數二的高級溫泉療養地，並擁有世界上最華麗古典的賭場。18、19世紀，這兒就吸引許多赫赫有名的名流貴族造訪。因為法國也離這兒不遠，多樣文化於此交會，使得巴登巴登的文化、音樂與戲劇發達蓬勃，也帶起此地時尚精品的購物風華。

巴登巴登的市區交通

火車站距離市中心的景點區約5公里，有201、207、216、218、243、244等多班公車往返，至利奧波得廣場(BAD Leopoldsplatz)站下。在市中心內，可以步行方式遊覽。

巴登巴登市區

往火車站

Schlossstr.

卡拉卡拉溫泉
Caracalla Therme

市政廳
Rathaus

斐特列溫泉
Friedrichsbad

飲泉廳
Trinkhalle

Hotel Am Markt

Aqua

燈柱餐廳
Latern Restaurant

巴登巴登賭場
Kurhaus

利奧波得廣場
Leopolds-plat

Dorint Hotel Maison
Messmer Baden-Baden

劇場Theater

Langestr.
Hirschstr.
Luisenstr.
Gernsbacher Str.
Sophienstr.
Scheibenstr.
Rettigstr.
Werderstr.
Merkurstr.
Vincentistr.

N

◎景點　❶遊客中心　◉政府機關　ⓗ飯店　ⓖ廣場　ⓡ餐廳

許多名人貴族都是這裡常客

18、19世紀，這兒曾聚集許多有名的名士貴族，如英國維多利亞女王、鐵血宰相俾斯麥、小說家杜斯妥也夫斯基、浪漫主義文人雨果、音樂家布拉姆斯等；尤其是沙皇時代的俄國貴族，由於俄國天氣酷寒，更是特別喜歡此地。

連皇帝也愛的羅馬浴場，
你今天巴登了沒？

巴登巴登的溫泉最早由羅馬人所發現，3世紀時皇帝卡拉卡拉為此而來，並在此處蓋了羅馬浴場，附近斯特拉斯堡的羅馬軍人就常來此泡溫泉。「Baden」在德語中是游泳、洗澡的意思，從名字就不難看出這座城市和溫泉緊密的關係了。

有此一說～

曾經與法國巴黎齊名的城市！

據說18世紀時期的貴族們，稱巴登巴登為「歐洲的夏季首都」，法國巴黎則為「歐洲的冬季首都」。

當地屬食鹽泉，對以下病症有療效！

1.婦女病　　　　　　　　2.呼吸道疾病

3.心臟動脈疾病　　　　　4.風濕病

同場加映：離開斯圖加特的周邊小旅行

Highlights：在巴登巴登，你可以去～

1 飲泉廳Trinkhaller

在黑森林，享受溫泉的方式與亞洲略有不同，這兒很少見到溫泉旅館，大都是溫泉浴設施。這座古典的建築現在是巴登巴登旅遊服務中心，過去則是社交場所，來自歐洲各地的人在此閒聊也順便交換最新情報。

P.162　Kaiserallee 3　(0)7221 275-200　週二至週六10:00~18:00，週日14:00~17:00　休週一　$免費
www.in-der-trinkhalle.de/de

飲泉廳內有可飲用的溫泉，大家就這麼邊喝邊聊，是種相當文雅的八卦室。

② 巴登巴登賭場
Kurhaus-Casino

由於巴登巴登過去是貴族獨享的療養勝地，因此這座賭場的內部裝潢走的是優雅路線，加上第一代主人來自巴黎，他重金禮聘巴黎設計師，直接模仿法國凡爾賽與楓丹白露兩座宮殿，打造出賭場風格。而除了華麗的裝潢，賭場內的畫作與收藏品也都是真跡。

🚶P.162　🚌從利奧波得廣場步行約5分鐘可達　🏠Kaiserallee 1　☎(0)7221 30-240　🕐角子機與輪盤週日至週四14:00~2:00，週五、六14:00~3:30；廿一點與終極撲克週日至週四17:00~1:30，週五、六17:00~2:30；撲克(無限注)週日至週四19:00開始(視情況而定)，接待處15:00開始接受當日預約。　💲入場費€5　🌐www.casino-baden-baden.de/en/

未滿18歲不得入內

賭場又分許多小廳，其中一個名為「千燭之廳」，在過去沒有電燈的時代裡，是以1,000支蠟燭照亮全場，氣派豪華。

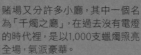

賭場裝飾以金、銀、紅色為主調，雕金吊燈、貼金壁磚、鏤空雕花欄、大圓拱屋頂，還有紅絨地毯與窗簾，好一片鎏金世界。

直到1945年，這兒的籌碼仍是用真的金幣，但二戰後金幣本身已超過了籌碼所標示的價格而大量失竊，才停止使用。

③ 斐特列溫泉
Friedrichsbad

斐特列溫泉是從1877年就開始營業，整個泡湯的流程共有17個項目，泡湯的人須照順序泡遍每一個浴間(Stage)，包括沖水、烤箱、蒸氣、浴池、按摩、休息區等。特別注意的是，斐特列溫泉是裸湯，不能穿著泳衣入池。

🔺P.162 🚗從利奧波得廣場沿Sophienstraße走去，約在500公尺處的左手邊可見。 🏠Römerplatz 1 ☎(0)7221 275-920 🕘9:00~22:00(19:00後停止入場) 💲€35 (含拖鞋、毛巾、沐浴品、香茶) 🌐carasana.com/seite-nicht-gefunden/

這間歷史悠久的溫泉館很重視療養，在當時被認為是歐洲最現代化的溫泉館。

這裡出名的不只是溫泉，古羅馬式的建築也讓人驚豔，在這裡泡浴有當古代帝王后妃般的感覺。

🔊 **男女混浴，害羞者閃！**

斐特列溫泉是從1877年就開始營業的溫泉設施，不只溫泉本身具有良好的調養功效，古羅馬式的圓頂大浴池建築更是氣派典雅，令人印象深刻。不過，必須要特別注意的是，斐特列溫泉是男女混浴的裸湯，害羞的人可要有心理準備。

Did YOU KnoW
馬克·吐溫也讚嘆！

這裡到底有多吸引人？曾寫下經典作品《湯姆歷險記》的美國作家馬克·吐溫(Mark Twain)，在泡過斐特列溫泉後也不得不留下讚嘆：「10分鐘你會忘了自己，20分鐘會忘了全世界」(Here at the Friedrichsbad, you lose track of time within 10 minutes and track of the world within 20)。

④ 卡拉卡拉溫泉
Caracalla Therme

卡拉卡拉溫泉以羅馬式花園為背景，不敢在斐特列溫泉嘗試裸湯的人，都在卡拉卡拉盡情享受溫泉之樂，因為這裡的浴池是可穿著泳衣的(桑拿浴例外)。

🏔P.162 🚶從利奧波得廣場沿Sophienstraße走去，約在600公尺處的左手邊可見。 🏠Römerplatz 1 ☎(0)7221 275-940 🕐每日8:00~22:00(20:30後停止入場) 💲溫泉浴2小時€19，3小時€23，全日€31。桑拿浴加付€5。浴巾租金€6，押金€15。 🌐caracalla.eu/ ❗需自備泳衣、毛巾、拖鞋。未滿7歲不得入內。

卡拉卡拉溫泉的戶外浴池很大，緊鄰著花園，景致優美。

卡拉卡拉溫泉是家現代化的溫泉遊樂中心，而且溫泉施設多，適合全家大小同樂。

這裡共有7個不同水溫的大小浴池。

⑤ 利希騰塔勒大道
Lichtentaler Str.

從利奧波得廣場往劇場方向，順著劇場前大道往南走，這條位於小河畔的林蔭大道宛如一座公園，有高大樹木、青翠草坪，四季分別換上不同顏色的衣裳，加上兩旁優雅的建築物，和河裡悠游的鴨鵝等飛禽，景色迷人。

🏔P.162外 🚶從利奧波得廣場步行約5分鐘可達

建議找個時間漫步這條林蔭大道上，細細品味這個典雅小鎮的氛圍。

同場加映：離開斯圖加特的周邊小旅行

當天來回有點兒小趕，
不如多留一天玩得從容些

\ 推薦4 /

距離斯圖加特

位於斯圖加特西南方，
距離約150公里。

搭乘高速火車路程

約2小時

雖然曾歷經嚴重摧殘，弗萊堡仍依原貌重建，街道依舊呈現古城風情。

大教堂廣場上時有市集，可買到不少特色紀念品。

城內處處可見源自黑森林的清澈小溪，傳說遊客若不小心掉入溪中，就會在這裡找到愛情。

同場加映：離開斯圖加特的周邊小旅行

MAP P.157, 167

弗萊堡
Freiburg

如何前往

◎從斯圖加特中央車站搭乘IC至Karlsruhe Hbf站，轉乘ICE至Freiburg(Breisgau) Hbf站，每小時都有班次，車程約2小時。

◎從法蘭克福可搭乘ICE前往弗萊堡中央車站，無論是直達車還是在Mannheim轉車，車程都約2小時10分鐘。

位於黑森林附近的弗萊堡是命運多舛的城市，但這裡有德國最古老的大學之一，也曾是上萊茵區的天主教中心。

今日漫步弗萊堡，隨處可見的街頭藝術及弗萊堡大學的文藝氣息，在城市中蔓延，讓人感受到的不僅是美景，還有特有的生活哲學。

○ 弗萊堡的市區交通

在市區內可步行參觀，主要景點都在步行10~20分鐘可達的範圍，也可搭乘S-Bahn，車票可在車站售票機購買。有些較高級的飯店會免費提供賓客卡，持這張卡可以免費搭乘弗萊堡的市區公車、電車，以及黑森林地區的區域火車及巴士。

弗萊堡地圖

往火車站
Friedrichring
Colombistr.
Rotteckring
Wasserstr.
Leopoldring
Auf der Zinnen
Mercure
Schiffstr.
科隆比公園
Colombipark
Eisenbahnstr.
Park Hotel Post
Franziskanerstr.
Hermannstr.
新舊市政廳
Altes und Neue Rathaus
Rathaus-platz
Rathausg.
elstr.
Eng
大教堂
Münster
Münster-platz
Bertoldstr.
Kaiser-Joseph-Str.
Schusterstr.
Oberkirch
古代商貿會館
Historisches Kaufh
弗萊堡大學
Albert-Ludwings-Universität Freiburg
Salzstr.
Münzg.
馬丁城門
Martinstor
Grünwälderstr.
奧古斯丁博物館
Augustinermuseum
Europaplatz
Gerberau
漁夫街Fischerau
城堡山
Schlossberg
Werderring
N
Rempartstr.
Holzma
施瓦本城門
Schwabentor

◎景點 ✝教堂 ⚲學校 🏛政府機關
○公園 🅗飯店 ℹ遊客中心 🏛博物館

曾經，命運乖舛

17、18、19世紀中，歷經三十年戰爭與各國間的衝突，弗萊堡分別被奧地利、法國、瑞典、西班牙和德意志邦聯統治過。二戰中更是被德軍誤炸和盟軍轟炸，遭到嚴重破壞，戰後弗萊堡在法國的軍事管制下，直到1991年才回歸。

Did YOU KnoW

賣什麼先看地上就知道了！

弗萊堡的城中心大部分都是古色古香的石板路，走在路上常常會看見一些鋪成圖案的地磚，別以為這只是裝飾！因為古代很多人不識字，商家會用圖案鋪在門口，提醒路人裡面賣的是什麼，或提供什麼樣的服務。

Highlights：在弗萊堡，你可以去～

① 新舊市政廳 Altes und Neue Rathaus

在弗萊堡有新舊兩個市政廳，新市政廳原本是弗萊堡大學的前身，大學搬走後，這棟建築加蓋了中間的鐘樓，市政廳也就遷遍來了，而原本的市政廳就改成遊客中心。

🔺P.167 🚶從火車站步行行11分鐘可達，或搭S-Bahn 1、3或4線在Bertoldsbrunnen站下。🏠Rathausplatz

白色的是新市政廳。

新舊市政廳前的地板有弗萊堡姐妹市的市徽。

紅色建築的是老市政廳。

③ 奧古斯丁博物館 Augustinermuseum

在這個博物館中所珍藏的物品，有許多是從弗萊堡大教堂裡搬移過來的，其中包括大教堂上的石雕、織錦、畫作等，呈現了中世紀宗教信仰及象徵的寶物。此外，這裡還展示18世紀時的居家生活用品，和描繪19世紀黑森林美景的畫作，將萊茵河上游的藝術及歷史文化完整地呈現並保存。

🔺P.167 🚶從火車站步行約15分鐘可達，或搭S-Bahn 1線在Oberlinden站下。🏠Augustinerplatz ☎(0)761 201-2531 🕙10:00~17:00（週五至19:00）休週一 💲成人€8、優待票€6 🌐www.freiburg.de/pb/237748.html

② 大教堂 Münster

自1120年開始建造的大教堂，是弗萊堡最重要建築物。教堂是由當地居民捐款籌建，從裡面可看到每個窗戶上有不同的圖案，代表窗戶是由不同協會捐助，例如裁縫協會的標誌就是剪刀。教堂旁有個小門，可爬上265階的塔頂，從這裡可感受到教堂的高聳壯觀，而教堂的鐘樓及不遠處的黑森林景觀，更是不容錯過的美景。

🔺P.167 🚶從火車站步行約14分鐘可達；或搭S-Bahn 1、3、4線在Bertoldsbrunnen站下。🏠Münsterplatz ☎(0)761 202-790 🕙教堂週一~週六9:00~16:45，週日13:30~19:00。登塔週一、週二、週四至週六11:00~16:00，週日13:00~17:00。💲教堂免費；登塔成人成人€5，8~17歲€3 🌐www.freiburgermuenster.info

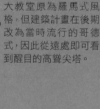

大教堂原為羅馬式風格，但建築計畫在後期改為當時流行的哥德式，因此從遠處即可看到醒目的高聳尖塔。

在教堂外可看到怪物的雕像，下雨時嘴巴還會流出雨水，它的功用其實是做為排水之用。

4 古代商貿會館Historisches Kaufhaus

古代商貿會館是弗萊堡的代表性建築，從前小販們到弗萊堡做生意時，都須到這裡來繳稅。今日在會館旁，每天8:00~13:00固定會有市集，販售酒類、瓷器、小販現烤現做的美食、手工蠟燭及蔬果等，甚至還有來自法國的攤販。其中又以週六的市場規模最大。

P.167 從火車站步行約14分鐘可達；或搭S-Bahn 1、3或4線在Bertoldsbrunnen站下。 Münsterplatz 24

來這邊可以試試一些從沒吃過的小點心，會有驚喜的發現！

5 施瓦本城門 Schwabentor

弗萊堡內有兩座城門，分別為馬丁城門(Martinstor)及施瓦本城門。城門上畫有屠龍者聖喬治，被認為是這座城市的保護者。

P.167 從火車站步行約15分鐘可達；或搭S-Bahn 1、3或5線在Bertoldsbrunnen站下。

有此一說～

施瓦本城門名字從笑話而來

據在施瓦本城門曾有個傳說，有位施瓦本人聽說弗萊堡是座美麗城市後，決定帶著一大桶金子買下它，他的媳婦發現這件事，在半夜將金子掉包。第二天，這位施瓦本人帶著桶子到城門前高喊著要買城，等到他把桶子打開後，卻發現裡面都是沙石，於是在嘲笑聲中他快速離去，從此這個城門就被稱為施瓦本城門。雖然這只是個有趣傳說，不過也可看出當地的巴登人與施瓦本人之間的對立。

6 弗萊堡大學Albert-Ludwigs-Universität Freiburg

弗萊堡大學是德國歷史悠久的學校之一，在哲學、法學及經濟學方面久負盛名，近代著名的哲學家胡塞爾與海德格爾，均曾在此執掌教鞭，前者是西方的「現象學之父」，後者則被視為存在主義的奠基人之一。

P.167 從火車站步行約10分鐘可達 Fahnenbergplatz

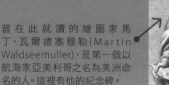

這是一所沒有圍牆的大學，校舍和市區建築融為一體，任何綠地都可被當成校園。

曾在此就讀的繪圖家馬丁・瓦爾德塞穆勒(Martin Waldseemuller)，是第一個以航海家亞美利哥之名為美洲命名的人。這裡有他的紀念碑。

現在雖然已看不到城堡痕跡，但居高臨下的絕佳視野，可眺望整個弗萊堡及周圍的黑森林，還是很吸引人。

7 城堡山Schlossberg

這裡因曾有座城堡，於是被稱為城堡山。從11~18世紀間，弗萊堡歷經多次戰役，還一度被法軍占領，光是在1745年與法國戰爭中，就死了3萬多名士兵。一次又一次的爭奪戰役，這裡漸漸變成廢墟。直到1997年政府決定整修城堡山，到2002年終於變身為觀光勝地。

P.167 從施瓦本城門對面的小路上山。

當天來回實在太趕，不如乾脆留宿一晚

\ 推薦5 /

距離斯圖加特
位於斯圖加特西南方，
距離約100公里。

總路程
約3小時

無論是咕咕鐘還是黑森林，如詩如畫的風光早已印烙在旅人腦海。

來到特里堡，別忘了嚐一嚐黑森林蛋糕的酸甜滋味，蛋糕中所使用的櫻桃，是黑森林當地特產。

可以用一輩子的咕咕鐘

咕咕鐘可以說是黑森林的代表，從1640年庫茲兄弟發明了第一台「木架鐘」至今，咕咕鐘已發展成鐘內的布穀鳥會自動出現，這個以精湛技術所製造出來的咕咕鐘，是運用鐘錘來產生動力，即使不用電池也可以永久使用。

特里堡
Triberg

MAP P.157, 170

如何前往

◎從斯圖加特中央車站搭乘RE至Rottweil，轉另一班RE至Villingen Schwarzw站，再搭乘另一班RE至Triberg站，每兩小時一班車，車程約3小時。從特里堡車站到市區可搭乘公車，約8分鐘可抵，不過車次不多，建議可請住宿的飯店來接送。

◎從法蘭克福直達特里堡的IC班次極少，大部分車次需先搭乘ICE到巴登巴登或Offenburg，再轉乘RE到特里堡，車程2.5~3小時。

　特里堡位於黑森林中心，空氣及飲水特別清新甘甜；這裡除了迷人風光，還以製造咕咕鐘聞名。鎮上可步行觀光，不過有些景點必須離開市區，可搭乘公車或是在特里堡租車前往。

同場加映：離開斯圖加特的周邊小旅行

特里堡市區圖

巴登巴登 Baden Baden
斯圖加特 Stuttgart
萊因河 Rhein
朝聖教堂 Maria in derTann
德國最高瀑布 Deutschlands Höchdte
黑森林博物館 Schwarzwaldmuseum
尚納赫 Schonach
特里堡 Triberg
大咕咕鐘屋 Weltgrößte Kuckucksuhr
富特旺根
弗萊堡 Freiburg
德國時鐘博物館 Deutsches Uhrenmuseum
多瑙河 Donau
波登湖 Bodensee
巴塞爾 Basel
瑞士 SCHWEIZ
N

◎景點　✝教堂　🏛博物館

黑森林地區的傳統服飾

德國很大,很多地方也有自己的傳統服裝,在黑森林地區的傳統服裝以那大大的帽子比較特殊。據說,由於黑森林群山環繞,所以連服飾也跟山有關,當地女性傳統的黑森林帽子,有著大大的、高高的、圓圓的、一朵朵鮮紅的花絨帽(Bollenhut,或稱洋蔥帽),這可是很特別的獨特外型。

櫻桃、巧克力、鮮奶油…來塊黑森林蛋糕吧!

黑森林蛋糕是德國蕭瑟寒冬裡的美味蛋糕,來自隆冬森林的樣貌,雪白與勒黑交織的景觀而命名。也因黑森林山區豐富的櫻

桃物產,把釀製的櫻桃酒和醃漬過櫻桃,搭配成黑森林蛋糕中烘焙要角。更或許,因黑森林蛋糕上妝飾著一顆顆的櫻桃,宛如黑森林地區傳統服飾所搭配的帽飾。凡此種種說法,總與黑森林當地脫不了關係,一層層巧克力蛋糕底、抹上鮮奶油、拌以櫻桃酒、鋪上櫻桃果肉,再灑上巧克力碎末的蛋糕,層層鋪排間盡顯黑森林山區的豐饒與濃郁,以黑森林來命名,再適合不過了。

同場加映:離開斯圖加特的周邊小旅行

Highlights:在特里堡,你可以去~

1 黑森林博物館
Schwarzwaldmuseum

黑森林是位於巴登.符騰堡邦西南邊的大片森林,蓊鬱林木猶如黑色遮幕般,在廣袤森林中,孕育出當地獨特文化。造訪黑森林博物館,即可看到從前黑森林中的傳統房屋、傳統服飾和居家生活用具。

⛰ P.170 🏠 Wallfahrtstraße 4
📞 (0)7722 866-490
🕐 11:00~17:00
💲 成人€5、優待票€4.5,可使用特里堡景點通票(Triberg-Inklusiv-Karte)。

製鐘人的工作室

館中有各種會自動彈奏樂曲的機器展示,喜歡音樂的人只需投入€1,就可以在館中聆聽各種音樂箱演奏的樂曲。

2 德國最高的瀑布
Deutschlands Höchste Wasserfälle

特里堡是黑森林中心,在這個森林中不但有野生動、植物,還有全德最高的瀑布。特里堡瀑布共有7級,總落差達163公尺。即使到了冬季,林中覆蓋白雪的景致也相當迷人,可惜冬季禁止遊客上山,以免發生危險。

⛰ P.170 🚗 就在特里堡遊客中心附近,沿著Wallfahrtstraße往南走即達入山口。 🏠 Hauptstraße 85 🕐 9:00~天黑 💲 使用特里堡景點通票(Triberg-Inkluslv-Karte),夏季成人€8,冬季成人€6。

春季融雪時,瀑布的水量非常充沛,特里堡還曾利用水力發電。略為淡黃的顏色,就好像葡萄酒般。

🔊 3條路徑帶你登頂

從入口處有3條路徑可達山頂,分別是自然、文化及捷徑路線。自然路線約需1.5小時;文化路線會經過朝聖教堂再繞回瀑布,需時1小時;捷徑路線則是沿著瀑布直接往上走,約需45分鐘。

兩天一夜的行程

Highlights：在特里堡，你可以去～

泉水源頭就在教堂旁，水質冰涼甘甜，至今仍有許多人在此取水飲用祈求康復！

③ 朝聖教堂Maria in der Tanne

朝聖教堂的由來，是來自泉水治癒疾病的傳說。1644年時，有個小女孩曾在這裡用水洗臉後，治癒了原本的眼疾，從此這裡就來了許多祈求康復的人們，最後建起了教堂。

🥾 P.170 🚌 從黑森林博物館步行7分鐘可達 🏠 Wallfahrtstrasse

👆 有此一說～

治百病的泉水！

昔日，一位痲瘋病患者在此地祈禱：若是用這裡的泉水能讓他的疾病得到復原，他將捐贈一尊聖母瑪麗亞的木雕像。幾天後，他的病竟奇蹟似痊癒，他照著承諾，捐贈了一尊木雕聖母像，並放入冷木杉樹洞裡。結果愈來愈多的人們來這裡朝聖，他們砍下那棵冷木杉，放在教堂聖壇中。至今遊客仍可在聖壇，看到一棵樹中間放了聖母瑪麗亞像。

④ 大咕咕鐘屋 Weltgrößte Kuckucksuhr

這棟大咕咕鐘屋本身就是世上最大的咕咕鐘，由現任主人父親花了3年時間，在1980年製作完成，鐘錘重達70公斤。鐘屋主人的祖父也是位製鐘人，當時還是背著鐘到遠方販售的年代，而主人也承襲了精湛手藝，並將鐘屋開放，把黑森林的傳統工藝展現在遊客面前。

🥾 P.170 🚌 從特里堡鎮上的Marktplatz搭乘550號公車至 Schonach Untertal站，再步行約5分鐘 🏠 Untertalstraße 28, Schonach 🕐 10:00~12:00、13:00~17:00 休週一 💲€2

大咕咕鐘屋並不在特里堡，而是在特里堡附近的小鎮尚納赫(Schonach)上。

這棟大咕咕鐘屋每半小時布穀鳥就會出來報時一次。

⑤ 德國時鐘博物館 Deutsches Uhrenmuseum

這座博物館位於臨近特里堡的富特旺根(Furtwangen)小鎮，需搭車前往。在時鐘博物館內，可認識當時獨特的販售方式和製鐘技術。博物館還展示來自西班牙、俄羅斯及法國等地的時鐘，設計上各具特色，頗具趣味。

🥾 P.170 🚌 從特里堡鎮上的Marktplatz搭乘550號公車至 Furtwangen Rößleplatz站，再步行約4分鐘。 🏠 Robert-Gerwig-Platz 1, Furtwangen ☎ (0)7723 920-2800 🕐 4~10月9:00~18:00，11~3月10:00~17:00。 💲 每人€7 🌐 www.deutsches-uhrenmuseum.de

咕咕鐘的製造隨著時代演進，在造型及功能上愈見豐富，時鐘的玩偶會隨造型做出不同動作，音樂曲目也增多。

製鐘是特里堡常見的職業，在當地也有專門教授製鐘技術的學校。可見製鐘業在特里堡成熟且重要。

同場加映：離開斯圖加特的周邊小旅行

當天來回實在太趕，不如乾脆留宿一晚

兩天一夜的行程

由於康斯坦茨靠近瑞士，有幸躲過兩次世界大戰戰火，所以舊城區得以保存下來。

發源自瑞士阿爾卑斯山的萊茵河向北流，流到與德國的邊界處形成了一個相當大的湖泊，德國人稱它為波登湖(Bodensee)。

康斯坦茨南岸屬於舊時發展地區，大教堂所在的舊城就在南岸。

舊城的南端，有國界的通關口，國界另一端是瑞士小鎮——克羅伊茨林根(Kreuzlingen)。

MAP
P.157,
173

康斯坦茨
Konstanz

如何前往

從斯圖加特搭火車，需在Singen轉1次車，車程約2.5~3小時。

康斯坦茨是波登湖畔最大的城市，萊茵河穿越市中心，然後繼續向西前進。

它同時是個歷史相當悠久的古城，早在4世紀，羅馬皇帝君士坦提烏斯一世(Flavius Valerius Constantius)為了與日耳曼人作戰，在此地建築防禦工事，他的名字便成為了當地地名。

康斯坦茨因為很早就擁有這一帶、唯一跨越萊茵河的橋樑，戰略地位重要。河的北岸其實更為開闊，是大部分居民生活區，知名的康斯坦茨大學就在北岸。

◎往萊歐瑙島

N

◎景點　✝教堂　Ⓗ飯店
🍴餐廳　🚉火車站

萊茵塔Rheintorturm ◎

波登湖
Bodensee

Ⓗ
Steigenberger
Inselhotel飯店

✝大教堂
Münster

✝史蒂芬教堂
Stephanskirche

Imperia雕像 ◎

中央民宿 Ⓗ
Gästehaus Centro

🍴 Restaurant Steg 4

康斯坦茨

↓往瑞士　🚉康斯坦茨火車站

有此一說～

瑞士、德國？傻傻分不清楚！
除了離瑞士很近外，當時康斯坦茨的人民晚上都故意不關燈，營造出正常過日子、完全不怕被空襲的樣子，讓盟軍的飛行員更加相信這裡是瑞士的一部分，康斯坦茨就這麼安然度過戰爭。是不是很聰明呢？

Did YOU KnoW

康斯坦茨是瑞士人的購物天堂

位於德國邊境的康斯坦茨，物價比都會區低，而德國整體物價又比瑞士低，因此對瑞士人來說，到康斯坦茨購物是非常划算的。有些康斯坦茨人也做起代購的生意，替瑞士人收他們從拍賣網站上標下的商品。

Highlights：在康斯坦茨，你可以去～

1 波登湖Bodensee

如果搭火車抵達這個城市，車站的後側就是波登湖的乘船碼頭。
波登湖亦名康斯坦茨湖，面積闊達536平方公里，是全德國境內最大的湖泊。
在天氣晴朗的日子裡，湖面如鏡，往返德國與瑞士之間的船隻來回穿梭，閒情逸致令人迷醉。
🔺 P.173 　🚶 從火車站步行約5分鐘可達

Did YOU KnoW

引起爭議的女神像

碼頭上有一尊1993年所立、出自德國雕刻名家Peter Lenk之手的Imperia女神雕像，其高達9公尺，而且會360度緩慢地旋轉，大概4分鐘就會繞回一圈。它手中握著兩個男人，一個是教宗馬丁五世(Pope Martin V)，一個是神聖羅馬帝國皇帝西吉斯蒙德(Sigismund)，兩人都沒穿衣服，暗諭15世紀初皇權與宗教勢力角力、又有女色介入其間的那段歷史。由於諷刺意味濃厚，曾經引起不小的爭議。

2 萊茵塔Rheintorturm

如果搭火車抵達這個城市，車站的後側就是波登湖的乘船碼頭。
波登湖亦名康斯坦茨湖，面積闊達536平方公里，是全德國境內最大的湖泊。在天氣晴朗的日子裡，湖面如鏡，往返德國與瑞士之間的船隻來回穿梭，閒情逸致令人迷醉。
🔺 P.173 　🚶 從火車站步行約10分鐘可達 　🏠 Rheinsteig 4
☎ (0)7531 52602

塔的底下是14世紀所修築的北城門，也是康斯坦茨目前僅存的中古世紀防禦設施。

塔高35公尺，在塔頂可以看到萊茵河和波登湖。

③ 萊歇瑙島Insel Reichenau

距離康斯坦茨約7公里的萊歇瑙島，是波登湖上最大的島嶼。島上知名景點包括聖瑪莉亞與聖馬可修道院、聖彼得與聖保羅修道院、聖喬治修道院等3座修建於9~11世紀的羅馬式修道院，見證了中世紀的本篤教會和其文化。

P.173 從康斯坦茨火車站搭列車至Reichenau(Baden)站，車程約8分鐘，再從車站對街搭乘204號公車進入萊歇瑙島。若在第一站下，可抵聖喬治教堂；在終點站下車，步行即可達旅遊服務中心。

拜湖水調節、和阿爾卑斯山焚風影響所賜，島上的氣候溫和，陽光普照，蔬果、穀物栽培旺盛，一派優美的田園風情。

樸實無華的聖喬治修道院，從外觀就可以瞭解修道生活的大概了。

島上有一座博物館，介紹中世紀修道院的生活。

島上教堂與修道院眾多，被稱為「修道院之島(Monastic Island)」，西元2000年被列入世界文化遺產。

中世紀修道士的清苦隱修

中世紀的修道院是歐洲保存、傳承知識的機構，修道士們過著清苦、隱逸的生活，謙虛和勤勞是努力追求的美德的。牆上的日晷讓人了解他們有著規律的生活，而日晷下面還以拉丁文寫著：「禱告和勞動」。他們每天有兩次的集體禱告，其他時間不是在工作就是自己禱告，這些就是他們生活的全部了。

④ Steigenberger Inselhotel

位於車站北側的Steigenberger Inselhotel是當地最高級的飯店，13世紀時原本是幢修道院，後來被齊柏林(Zeppelin)家族買下，改建為高雅宅邸；由於原本是一座和陸地分離的小島，所以冠上「Insel」這個字。

P.173 從火車站步行約8分鐘可達 Auf der Insel 1 (0)7531 1250 hrewards.com/de/steigenberger-hotels-resorts

建築內至今仍保留早期的格局和壁畫，為飯店增添不少藝術氣質。

從飯店即可直接俯瞰波登湖，景色非常吸引人。

這裡也是飛行船發明人齊柏林伯爵(Ferdinand Graf Von Zeppelin)的出生地，後來才又改建成飯店。

慕尼黑
新天鵝堡
羅曼蒂克大道
海德堡
斯圖加特

38

作者朱月華‧墨刻編輯部
攝影墨刻編輯部
特約主編朱月華
美術設計李英娟‧董嘉惠（特約）
地圖繪製墨刻編輯部

出版公司
墨刻出版股份有限公司
地址：115台北市南港區昆陽街16號7樓
電話：886-2-2500-7008／傳真：886-2-2500-7796
E-mail：mook_service@hmg.com.tw

發行公司
英屬蓋曼群島商家庭傳媒股份有限公司城邦分公司
城邦讀書花園：www.cite.com.tw
劃撥：19863813／戶名：書虫股份有限公司
香港發行城邦（香港）出版集團有限公司
地址：香港九龍土瓜灣土瓜灣道86號順聯工業大廈6樓A室
電話：852-2508-6231／傳真：852-2578-9337
E-mail：hkcite@biznetvigator.com
城邦（馬新）出版集團 Cite(M) Sdn Bhd
地址：41, Jalan Radin Anum, Bandar Baru Sri Petaling,
57000 Kuala Lumpur, Malaysia.
電話：(603)90563833／傳真：(603)90576622
E-mail：services@cite.my
製版‧印刷漾格科技股份有限公司
城邦書號KV4038 **初版**2024年7月
定價360元
ISBN978-626-398-037-2‧978-626-398-034-1(EPUB)
MOOK官網www.mook.com.tw
Facebook粉絲團
MOOK墨刻出版 www.facebook.com/travelmook

慕尼黑.新天鵝堡.羅曼蒂克大道.海
德堡.斯圖加特 / 朱月華, 墨刻編輯部
作. -- 初版. -- 臺北市：墨刻出版股份
有限公司出版：英屬蓋曼群島商家庭
傳媒股份有限公司城邦分公司發行,
2024.07
176面 ; 16.8×23公分. -- (City Target ; 38)
ISBN 978-626-398-037-2(平裝)

1.CST: 旅遊 2.CST: 德國

743.9   113008482

墨刻整合傳媒廣告團隊
提供全方位廣告、數位、影音、代編、
出版，行銷等服務
為您創造最佳效益
歡迎與我們聯繫：
mook_service@mook.com.tw

執行長何飛鵬
PCH集團生活旅遊事業總經理暨墨刻出版社長李淑霞

總編輯汪雨菁
資深主編呂宛霖
採訪編輯趙思語‧李冠瑩
叢書編輯唐德容‧林昱霖
資深美術設計主任李英娟
資深美術設計羅婕云
影音企劃執行邱茗晨

資深業務經理詹顏嘉
業務經理劉玫玟
業務專員程麒
行銷企劃經理呂妙君
行銷企劃主任許立心
業務行政專員呂瑜珊

印務部經理王竟為